LES AIDES INVISIBLES

UNICURSAL

Copyright © 2017

Éditions Unicursal Publishers
www. unicursalpub. com

ISBN 978-2-9816864-3-5

Première Édition, Litha 2017

C. W. LEADBEATER

LES AIDES INVISIBLES

Classiques Théosophiques

UNICURSAL

CHAPITRE PREMIER

LEUR EXISTENCE EST UNIVERSELLEMENT RECONNUE

Une des plus belles caractéristiques de la Théosophie est de nous rendre, sous une forme plus rationnelle, tout ce qui était vraiment utile et secourable dans les religions qui ne répondent plus à nos besoins. Beaucoup de personnes, après avoir brisé la chrysalide de la foi aveugle et pris, grâce aux ailes de la raison et de l'intuition, leur essor vers la vie mentale plus libre et plus noble de plans plus élevés, ont néanmoins le sentiment que, si elles ont réalisé ce gain merveilleux, elles ont d'autre part éprouvé une perte ; qu'en renonçant aux croyances de leur enfance elles ont vu, du même coup, leur vie s'appauvrir en beauté et en poésie.

Leurs existences passées ont-elles été assez bonnes pour leur permettre de se trouver sous l'influence bienfaisante de la Théosophie, elles s'aperçoivent cependant très vite que, même dans ce cas, elles n'ont rien perdu, mais, au contraire, considérablement gagné. La splendeur, la beauté, la poésie sont là, dans une mesure dépassant toutes leurs espérances d'autrefois, non plus comme un simple rêve agréable que la froide lumière du sens commun peut toujours faire cesser par un réveil brutal, mais bien comme des vérités d'ordre naturel, capables de supporter l'examen et qui deviennent d'autant plus lumineuses, plus vastes et plus complètes qu'elles sont comprises avec plus de précision.

La Théosophie donne un exemple frappant de son action bienfaisante, par la manière dont elle a rendu à la vie moderne la croyance au monde invisible regardé jadis, avant l'irruption de la grande vague matérialiste, comme la source de tout secours vivant. Elle montre que les charmantes légendes populaires mettant en scène les Elfes, les Brownies, les Gnomes, les esprits de l'air et de l'eau, de la forêt, de la montagne et de la mine, ne sont pas de simples et creuses superstitions, mais qu'elles reposent sur des faits réels et scientifiques.

Sa réponse à la grande question fondamentale :
« Si l'homme meurt, revivra-t-il ? » est tout aussi
claire et aussi scientifique, et ses enseignements sur
la nature et les conditions de la vie d'outre-tombe
jettent un flot de lumière sur des points qui, tout
au moins pour le monde occidental, étaient enve-
loppés jusqu'ici dans une impénétrable obscurité.

On ne saurait trop le répéter : dans ces enseignements concernant l'immortalité de l'âme et la
vie posthume, la Théosophie diffère absolument de
la religion ordinaire. Elle ne se borne pas à procla-
mer ces grandes vérités en s'appuyant sur l'autorité
de quelque livre sacré transmis par les siècles passés. En traitant ces questions, elle ne s'occupe pas
d'opinions pieuses ou de spéculations métaphysi-
ques, mais de faits solides, bien définis, aussi réels
et aussi proches que l'air respiré par nous ou les
maisons que nous habitons – des faits dont beaucoup d'entre nous font constamment l'expérience
– des faits parmi lesquels certains de nos étudiants
accomplissent leur travail quotidien : nous le verrons tout à l'heure.

Parmi les belles conceptions que la Théosophie
nous a rendues, vient en première ligne celle de
l'existence, dans la nature, de grandes puissances
secourables. Cette croyance a été universelle dès

l'aurore des temps historiques; elle l'est encore aujourd'hui en dehors des limites étroites du protestantisme qui a, pour ses sectateurs, dépeuplé et assombri le monde, en voulant rejeter l'idée naturelle et parfaitement juste d'agents intermédiaires et tout réduire à deux facteurs, l'Homme et la Divinité; d'où il résulte que l'idée de Dieu a été infiniment amoindrie et que l'homme s'est trouvé sans secours.

Un instant de réflexion montrera que l'existence d'une Providence, telle qu'on la conçoit ordinairement, pouvoir central de l'Univers modifiant d'une manière capricieuse le résultat de ses propres décrets, impliquerait l'introduction, dans le plan général, d'une certaine partialité et, par suite, de tous les maux qui en découlent forcément. La Théosophie échappe à cette grave objection car, suivant ses enseignements, un homme ne peut être spécialement aidé que si ses actions passées l'en ont rendu digne et, même dans ce cas, il ne sera secouru que par des êtres relativement rapprochés de son propre niveau. De plus, la Théosophie nous ramène à l'idée plus ancienne et bien plus grandiose d'une échelle ininterrompue d'êtres vivants s'étendant du *Logos* lui-même jusqu'à la poussière que nous foulons aux pieds.

En Orient, l'existence des aides invisibles a toujours été reconnue, bien que les noms qu'on leur donne et les caractéristiques qu'on leur attribue varient, naturellement, suivant les pays. Ici même, en Europe, les vieux récits grecs ont constamment fait intervenir les dieux dans les affaires humaines et, suivant la légende romaine, Castor et Pollux conduisaient les légions de la République naissante à la bataille du lac Régille. Une croyance semblable ne disparut point avec la période classique, car ces récits eurent pour successeurs, au moyen âge, les histoires de saints qui apparaissaient dans les moments critiques et tournaient la fortune des armes en faveur des armées chrétiennes, ou d'anges gardiens qui intervenaient parfois pour sauver un pieux voyageur de ce qui eût été autrement, pour lui, une mort certaine.

CHAPITRE II

Quelques Exemples Contemporains

Même à notre époque d'incrédulité, en plein tourbillon de notre civilisation du XIXe siècle, malgré le dogmatisme de notre science et la mortelle froideur de notre protestantisme, il est possible, pour tout homme qui veut s'en donner la peine, de relever des cas d'interventions, inexplicables au point de vue matérialiste. Pour le prouver au lecteur, je résumerai brièvement quelques exemples pris, de côté et d'autre, dans des ouvrages récents consacrés à ce genre de faits. J'en ajouterai un ou deux autres que j'ai eu l'occasion d'observer personnellement.

Ces exemples plus récents présentent une particularité remarquable : l'intervention semble presque toujours s'être produite pour secourir ou sauver des enfants.

Un cas intéressant s'est présenté à Londres, il y a peu d'années : la préservation d'une vie d'enfant dans un terrible incendie qui, éclatant dans une rue située non loin de Holborn, y détruisit entièrement deux maisons. Les flammes avaient fait de tels progrès, avant qu'on s'en aperçût, que les pompiers ne purent sauver les maisons. Ils parvinrent cependant à sauver tous les habitants, sauf deux, une vieille femme qui fut asphyxiée par la fumée avant d'être secourue et un enfant de cinq ans environ, dont la présence dans la maison avait été oubliée dans ces instants de précipitation et d'affolement.

La mère était, paraît-il, une amie ou une parente de la propriétaire et lui avait confié pour la nuit ce petit enfant, étant elle-même appelée à Colchester pour une affaire. Tout le monde avait été sauvé, la maison entière était en flammes, quand la propriétaire se souvint, avec. une terrible angoisse, du dépôt qui lui avait été confié. Essayer de monter jusqu'à la mansarde où l'on avait couché l'enfant semblait une tentative inutile, mais un pompier résolut, héroïquement, de faire cet effort désespéré. Muni d'explications minutieuses concernant la position exacte de la chambre, il s'élança dans la fumée et dans les flammes.

Il trouva l'enfant et le ramena sain et sauf, mais, en rejoignant ses camarades, il eut un singulier récit à faire. Il déclara qu'en atteignant la chambre il la trouva en flammes, la plus grande partie du plancher s'étant déjà effondrée. Seulement le feu décrivait une courbe qui allait vers la fenêtre en suivant les murs. Ce n'était ni naturel, ni explicable, et il n'avait jamais rien vu de pareil. Le coin où couchait l'enfant était, par suite, resté intact, bien que les solives mêmes fussent à moitié consumées. La terreur de l'enfant était naturellement extrême, mais le pompier déclara d'une façon nette et réitérée qu'en se dirigeant vers lui, au prix des plus grands risques, il vit ce qui ressemblait à un ange. C'était – pour citer ses propres paroles – quelque chose de superbement blanc et argenté, se penchant sur le lit et lissant, de la main, le couvre-pieds. Impossible de s'y tromper, disait-il encore, car l'apparition resta visible pendant un instant, dans une lueur intense, et, en somme, ne disparut qu'à quelques pieds de moi.

Cette histoire présente une autre particularité curieuse. La mère ne put dormir, cette même nuit, à Colchester, étant tourmentée par le sentiment persistant et impérieux qu'il arrivait quelque chose à son enfant ; si bien qu'elle dut se lever et rester assez longtemps en prières, demandant avec ferveur que le petit fût préservé du danger qu'elle sentait instinctivement planer sur lui.

Ici l'intervention était donc, évidemment, ce qu'un chrétien appellerait l'exaucement d'une prière. Un théosophe, exprimant la même idée en termes plus scientifiques, dirait que l'amour maternel, par l'intensité de son effusion, avait constitué une force que l'un de nos aides invisibles avait pu employer pour sauver l'enfant d'une mort terrible.

Un cas remarquable, où des enfants furent protégés d'une manière analogue, s'est présenté sur les bords de la Tamise, près de Maidenhead, quelques années avant l'épisode précédent. Cette fois, le danger dont ils furent préservés ne venait pas du feu, mais de l'eau. Trois petits enfants qui habitaient, si je ne me trompe, Shottesbrook ou les environs, avaient été emmenés à la promenade par leur bonne, le long du chemin de halage. Ayant tourné un coin en courant, ils rencontrèrent subitement un cheval qui halait un chaland et, dans l'instant de confusion qui en résulta, d'eux d'entre eux se trouvèrent pris par la corde et jetés à l'eau.

Le batelier, voyant l'accident, s'élança pour leur porter secours. Or il remarqua qu'ils surnageaient, suivant son expression, « d'une manière pas du tout naturelle », et qu'ils se dirigeaient tranquillement vers la berge. Ni lui, ni la bonne n'en virent davantage, mais chacun des enfants déclara « qu'une belle personne, toute blanche et toute brillante », s'était tenue près d'eux dans l'eau et les avait soutenus et dirigés vers le bord. Or, leur récit se trouva corroboré, car la petite fille du batelier, qui était sortie bien vite de la cabine en entendant les cris de la bonne, affirma, elle aussi, avoir vu dans 1'eau une belle dame qui tirait les deux enfants vers la berge.

Sans détails plus complets que ceux donnés par cette histoire, il est impossible de dire d'une manière certaine à quelle catégorie d'aides appartenait « l'ange » en question. Il est probable, cependant, que c'était un être humain développé, fonctionnant dans le corps astral, comme nous le verrons en étudiant notre sujet sous son autre face, pour ainsi dire, et nous plaçant plutôt au point de vue des aides qu'à celui des personnes secourues.

Un cas, où la nature de l'intervention se reconnaît plus nettement, est rapporté par le clergyman bien connu Dr John Mason Neale. Voici son récit :

Un homme, ayant perdu récemment sa femme, vint, avec ses petits enfants, faire un séjour dans la maison de campagne d'un ami. C'était un vieux manoir, de construction irrégulière. Dans le sous-sol se trouvaient de longs corridors obscurs, où les enfants jouaient avec délices. Mais voilà qu'ils remontèrent, très graves, à l'étage supérieur, et deux d'entre eux racontèrent qu'en courant dans un de ces corridors ils avaient rencontré leur mère. Elle leur dit de revenir sur leurs pas, puis disparut. L'examen des lieur montra que, quelques pas plus loin, les enfants seraient tombés dans un puits profond et découvert, qui s'ouvrait sur leur chemin. L'apparition de leur mère les avait donc sauvés d'une mort presque certaine.

Dans ce cas, il ne semble pas y avoir lieu de douter que la mère elle-même ne continuât, du plan astral, à surveiller avec amour ses enfants et que (de même que dans d'autres cas) son ardent désir de les prévenir du danger où ils allaient étourdiment se jeter ne lui eût donné le pouvoir de se faire voir et entendre, ou peut-être d'imprimer simplement sur leur mental l'idée qu'ils l'avaient vue et entendue. Il est possible, évidemment, que l'aide ait pu être une personne différente, ayant pris l'apparence familière de la mère pour ne pas faire peur aux enfants. Pourtant l'hypothèse la plus simple est d'attribuer l'intervention à un amour maternel toujours en éveil et que le passage à travers le portail de la mort n'avait pu altérer.

L'amour maternel, un des sentiments humains les plus saints et les moins égoïstes, est aussi un des plus persistants sur les plans supérieurs. Une mère qui se trouve dans les régions inférieures du plan astral et, par suite, encore à portée de la terre, continue à s'intéresser à ses enfants et à veiller sur eux tant qu'il lui est possible de les voir. Bien plus, ces petits êtres, même après son entrée dans le monde céleste, continuent à occuper la première place dans ses pensées. L'immense amour qu'elle prodigue aux images qu'elle s'y forme de ses enfants constitue un puissant dégagement de force spirituelle, qui se répand sur ses enfants encore engagés dans les luttes du monde inférieur et les entoure de centres vivants d'énergie bienfaisante qu'on peut très bien se représenter comme de véritables anges gardiens. On en trouvera un exemple dans le sixième de nos manuels théosophiques, page 38.

Il n'y a pas longtemps, la petite fille d'un de nos évêques anglais, étant sortie à pied, avec sa mère, dans la ville où elles habitaient, l'enfant traversa, en courant, une rue et fut renversée par les chevaux d'une voiture qui, tournant un coin, arriva brusquement sur elle. La voyant sous les pieds des chevaux, sa mère s'élança vers elle, s'attendant à la trouver grièvement blessée, mais l'enfant se releva, toute gaie, en disant : « Je n'ai pas le moindre mal, maman ! car une chose toute blanche a empêché les chevaux de me marcher dessus et m'a dit de ne pas avoir peur ».

Un cas qui s'est présenté dans le comté de Buckingham, aux environs de Burnham Beeches, est remarquable par le temps prolongé pendant lequel semble avoir persisté la manifestation physique de l'agent sauveteur. On aura vu que, dans les exemples cités jusqu'ici, l'intervention n'a duré que quelques instants. Dans ce cas-ci, au contraire, il s'est produit un phénomène qui semble avoir duré plus d'une demi-heure.

Deux des jeunes enfants d'un petit fermier avaient été laissés à leurs jeux pendant que leurs parents et tout leur personnel étaient à moissonner. Ils partirent pour se promener dans les bois, s'éloignèrent considérablement de la maison, puis trouvèrent moyen de se perdre. Les parents, en rentrant fatigués à la tombée de la nuit, s'aperçurent de l'absence des enfants et, après avoir été aux renseignements dans quelques maisons voisines le

père envoya à leur recherche, dans différentes di-
rections, des domestiques et des ouvriers.
Leurs efforts, cependant, furent inutiles.
Personne ne répondit à leurs appels. Ils venaient
de se retrouver à la ferme, assez découragés, quand
tous virent une lumière étrange qui traversait lentement, à quelque distance de là, des champs touchant à la route. C'était, suivant eux, une masse
sphérique considérable, d'une lueur chaude et
dorée, ne ressemblant en rien à la lumière d'une
lampe ordinaire. Elle se rapprocha, et l'on aperçut
les deux enfants absents, marchant d'un pas sou-
tenu au milieu d'elle. Le père et quelques autres
personnes se mirent immédiatement à courir vers
la lumière. L'apparence persista jusqu'à ce qu'ils
l'atteignissent. mais, au moment où ils mirent la
main sur les enfants, elle s'évanouit, les laissant
dans l'obscurité.

Les enfants racontèrent qu'à nuit close ils
avaient erré, en pleurant, dans les bois et qu'ils
avaient fini par se coucher, pour dormir, sous un
arbre. Ils furent réveillés, dirent-ils, par une belle
dame tenant une lampe, qui les prit par la main et
les ramena chez eux. Quand ils la questionnaient,
elle souriait, mais sans jamais prononcer un seul
mot. Tous deux persistèrent dans cet étrange récit,

sans qu'il fût : possible d'ébranler leur foi dans ce qu'ils avaient vu. Un point est à remarquer, cependant. Tous les assistants virent la lumière et constatèrent qu'elle éclairait les arbres et les haies sur lesquels elle tombait, absolument comme l'aurait fait une lumière ordinaire, mais la forme de la dame ne fut visible que pour les enfants.

CHAPITRE III

UNE EXPÉRIENCE PERSONNELLE

Tous les faits qui précèdent sont plus ou moins connus ; on peut les trouver dans quelques-uns des ouvrages où sont réunis des récits de ce genre, la plupart dans *More Glimpses of the World Unseen*, par le Dr Lee. Mais les deux cas que je vais rapporter le sont pour la première fois. Tous deux se sont produits au cours des dix dernières années ; l'un m'est personnel, l'autre est celui d'un ami intime, membre distingué de la Société théosophique dont l'exactitude d'observation ne fait aucun doute.

Ma propre aventure est bien simple, malgré l'importance qu'elle a eue pour moi, l'intervention m'ayant sûrement sauvé la vie.

Je suivais à pied, un soir où la pluie et le vent faisaient rage, une rue tranquille et retirée, près de

Westbourne Grove. Je luttais, sans grand succès, pour maintenir mon parapluie contre les coups de vents violents qui menaçaient, à tout instant, de me l'arracher des mains et, tout en avançant à grande peine, j'essayais de repasser dans mon esprit les détails d'un travail qui m'occupait alors.

J'entendis tout à coup, avec saisissement, une voix qui m'est bien connue, celle d'un maître hindou, me crier à l'oreille : « En arrière ! ». J'obéis machinalement et me rejetai brusquement en arrière, presque sans avoir le temps de réfléchir. Au même instant mon parapluie qui, par suite de ce mouvement subit, s'était porté en avant, me fut arraché des mains, et un énorme tuyau de cheminée en métal, passant à moins d'un yard de mon visage, s'abattit avec fracas sur le trottoir. Le poids considérable de cet objet et la force énorme de sa chute me donnèrent la conviction que, sans l'avertissement donné par la voix, j'aurais été tué sur place. Cependant la rue était déserte et la voix était celle d'une personne que je savais être à 7 000 milles de là, du moins en ce qui concerne le corps physique.

Ce n'est pas, du reste, la seule occasion où j'ai été assisté de cette manière exceptionnelle car, dans ma jeunesse, bien avant la fondation de la Société Théosophique, l'apparition d'un être cher, récem-

ment décédé, m'empêcha de commettre ce que je
regarde aujourd'hui comme un vrai crime, bien que,
à la lumière de mes connaissances d'alors, le crime
m'apparût comme un acte de représailles, non seulement excusable, mais même louable. Puis, à une
époque plus rapprochée, mais avant la fondation
de la Société, je reçus un avertissement, qui me fut
adressé d'un plan supérieur, dans les circonstances
les plus impressionnantes. Il me permit d'empêcher
un de mes semblables de prendre une décision qui
l'aurait amené – je le sais aujourd'hui – à un désastre. Je n'avais pourtant, à l'époque, aucune raison
pour le supposer. Le lecteur voit donc que j'ai une
certaine expérience personnelle pour appuyer ma
foi dans l'existence d'aides invisibles, même si je
ne savais pas que l'aide est constamment donnée,
de nos jours.

L'autre cas est beaucoup plus frappant. L'un de
nos membres, qui me permet de publier cette histoire, mais désire garder l'anonymat, se trouva un
jour, physiquement, en grand danger. Par suite de
circonstances qu'il est inutile de détailler ici, cette
dame se vit prise dans une émeute. Voyant à ses
côtés plusieurs hommes tomber sous les coups et
évidemment grièvement blessés, elle s'attendait à
chaque instant à subir le même sort, car il lui sem-

blait tout à fait impossible de s'échapper de cette foule compacte.

Subitement elle éprouva la bizarre sensation d'être arrachée à la foule et se retrouva debout et absolument seule dans une petite rue écartée, parallèle à celle où l'émeute avait eu lieu. Elle entendait encore le bruit de la lutte et, comme elle était là, se demandant ce qui avait pu lui arriver, deux ou trois hommes qui s'étaient échappés de la foule, tournèrent, en courant, le coin de la rue et, l'apercevant, lui exprimèrent toute leur surprise et tout leur plaisir, disant qu'en voyant disparaître subitement cette dame courageuse du milieu de la bagarre, ils avaient été convaincus qu'elle avait été renversée.

Sur le moment elle ne put rien s'expliquer et rentra chez elle fort intriguée. Mais, plus tard, ayant raconté cette étrange aventure à Mme Blavatsky, elle apprit que, son karma étant de nature à lui permettre d'échapper à cet extrême danger, un Maître avait envoyé un messager spécial pour la protéger. Dans l'intérêt de l'oeuvre, il fallait qu'elle vécût.

Le cas reste néanmoins très extraordinaire, aussi bien par la grande puissance mise en jeu que par le caractère exceptionnellement public de sa manifestation. Il est facile de se représenter le *modus operandi.* La personne a dû être enlevée par-dessus les maisons attenantes et tout simplement déposée dans la rue voisine. Son corps physique n'ayant pas été visible dans son passage â travers les airs, il est également évident qu'un voile quelconque (probablement de matière éthérique) a dû être jeté autour d'elle pendant le trajet.

Mais, me dira-t-on, tout ce qui est capable de cacher la matière physique doit être également physique. A cela je puis répondre que, par un procédé familier à tout étudiant de l'occulte, il est possible de réfléchir les rayons lumineux (qui, dans toutes les conditions actuellement connues par la science, ne se dirigent qu'en ligne droite à moins d'être réfractés) de telle manière qu'après avoir passé autour d'un objet ils puissent reprendre exactement leur première direction. Il est donc évident qu'un tel objet serait, pour des yeux physiques, absolument invisible, jusqu'au moment où les rayons seraient replacés dans leur direction normale. Je sais fort bien qu'à elle seule cette affirmation suffira pour faire traiter mes observations d'absurdes par la science, contemporaine. Je n'y puis rien. Je me borne à mentionner une possibilité naturelle que la science de l'avenir découvrira sans doute un jour. Pour les personnes qui n'étudient pas l'occultisme, mes paroles devront attendre jusque-là pour pouvoir être justifiées.

Le procédé, ai-je dit, est assez facile à saisir pour une personne ayant quelques notions des forces naturelles occultes. Le phénomène n'en reste pas moins extrêmement dramatique. Quant au nom de l'héroïne, si j'avais la permission de le donner, il serait pour tous mes lecteurs une garantie de l'exactitude de mon récit.

Depuis que la première édition de cet ouvrage a été publiée, j'ai eu connaissance d'une autre intervention récente ; elle est moins frappante, peut-être, que la précédente, mais elle a parfaitement réussi.

Une dame, obligée de faire seule un long voyage en chemin de fer, avait pris la précaution de retenir un compartiment, mais, au moment où le train se mettait en marche, un homme de tournure inquiétante et de mauvaise mine monta rapidement et s'assit à l'autre extrémité du wagon. La voyageuse eut très peur de se voir ainsi seule avec un individu d'apparence aussi suspecte ; il était trop tard pour crier au secours ; elle se tint donc tranquille, tout en se recommandant avec ferveur à son Patron.

Bientôt ses craintes redoublèrent, car l'homme se leva et se tourna vers elle avec un mauvais sourire. Mais, à peine eut-il fait un pas, qu'il se rejeta en arrière, avec une expression de stupéfaction et de terreur extrêmes. La voyageuse suivit la direction de son regard et tressaillit en voyant un monsieur assis devant elle ; très calme, il regardait fixement le voleur désappointé. A coup sûr, il n'était pas entré comme tout le monde ! Trop impressionnée pour parler, la dame, comme fascinée, ne le quitta pas des yeux – et cela pendant plus d'une demi-heure. L'inconnu n'ouvrait pas la bouche, ne regardait même pas sa voisine, mais continuait à fixer le malfaiteur tremblant, affaissé sur lui-même à l'autre bout du compartiment. Dès que le train atteignit la station suivante et, avant même qu'il ne se fût arrêté, le voleur se rua sur la portière et bondit au dehors.

La dame, profondément reconnaissante d'être délivrée, allait exprimer toute sa gratitude, mais personne n'occupait plus la banquette, bien qu'il eût été impossible pour un corps physique, de sortir aussi rapidement du wagon.

Dans le cas présent, la matérialisation a été maintenue plus longtemps que d'habitude. D'autre part, il n'y a eu ni dépense de force, ni action d'aucune sorte ; elles eussent du reste été inutiles ; une simple apparence suffisait.

Mais ces faits, se rapportant tous à ce qu'on est convenu d'appeler des interventions angéliques, ne montrent qu'une faible partie du champ d'action de nos aides invisibles. Avant de pouvoir, cependant, considérer les autres branches de leur travail, il sera bon de nous faire une idée bien nette des différents genre d'entités auxquels peuvent appartenir ces. aides. Telle sera donc la partie de notre sujet que nous allons aborder maintenant.

CHAPITRE IV

LES AIDES

L'assistance peut donc venir de plusieurs des nombreuses catégories d'habitants peuplant le plan astral : des dévas, d'esprits de la nature ou de ceux que nous appelons les morts, comme aussi de ceux qui, de leur vivant, vont et viennent consciemment sur le plan astral. Ce sont surtout les adeptes et leurs élèves. Mais un examen plus attentif nous montrera que, si toutes les catégories énumérées peuvent prendre, et prennent part, en effet, à cette tâche, c'est dans une mesure si inégale qu'en somme elle incombe presque entièrement à une seule classe.

Le fait que cette oeuvre d'assistance doit s'accomplir si souvent sur le plan astral, ou de ce plan, en est à lui seul une explication presque suffisante. Il saute aux yeux, quand on a la moindre idée de ce que sont en réalité les pouvoirs dont dispose un adepte, que, pour lui, travailler sur le plan astral constituerait un gaspillage d'énergie bien plus considérable que ne serait pour nos médecins et nos savants les plus éminents, le fait de passer leur temps à casser des pierres sur les routes.

Le travail de l'adepte a pour domaine des régions plus hautes, principalement les niveaux *arûpa*[1] du plan dévachanique ou monde céleste. Là il peut employer ses énergies à influencer la véritable individualité humaine et non pas simplement la personnalité qui seule peut être atteinte dans les mondes astral et physique. Les forces qu'il met en jeu, dans ce milieu plus exalté, produisent des résultats plus considérables, plus importants par leurs conséquences et plus durables qu'aucun de ceux pouvant s'obtenir ici-bas, même en dépensant dix fois plus de force. D'autre part la tâche est, là-haut, d'une nature telle que l'adepte seul peut la remplir. Celle des plans inférieurs peut au contraire, du moins dans une certaine mesure, être accomplie par ceux dont les pieds sont encore sur les premières marches de l'immense escalier qui un

---

1   Où la forme, telle que nous la connaissons, cesse d'exister. (N. d. T.)

jour leur permettra de rejoindre l'adepte là où il se tient maintenant.

Ces observations s'appliquent également aux dévas. Appartenant à un règne naturel plus élevé que le nôtre, leur travail semble généralement tout à fait étranger à l'humanité. D'ailleurs, ceux d'entre eux – il y en a quelques-uns – qui répondent parfois à nos aspirations ou appels les plus élevés, le font plutôt sur le plan mental que sur les plans physique ou astral et, le plus souvent, dans les périodes comprises entre nos incarnations plutôt que pendant nos vies terrestres.

Quelques exemples d'assistance ainsi donnée – le lecteur s'en souviendra peut être – furent notés au cours des études entreprises dans les différents départements du plan dévachanique, au moment où se préparait le manuel théosophique traitant ce sujet. Dans un de ces cas, un déva enseignait à un choriste la musique céleste la plus merveilleuse. Dans un autre, un déva d'une classe différente instruisait et guidait un astronome qui cherchait à comprendre la forme et la structure de l'univers.

Ce ne sont là que deux exemples pris parmi des cas nombreux où l'on remarque l'aide donnée à l'évolution par le grand règne déva et la manière dont il répond après la mort aux aspirations humaines les plus hautes. Il existe des méthodes par lesquelles, même durant la vie terrestre, on peut se rapprocher de ces grands êtres et en recevoir infiniment d'instruction; cependant, même dans ce cas, ces relations s'établissent plutôt en nous élevant jusqu'à leur plan qu'en leur demandant de descendre au nôtre.

Le déva intervient rarement dans les événements ordinaires de notre vie physique, A vrai dire, il est si absorbé par la tâche infiniment plus grandiose, spéciale à son propre plan, qu'il est, sans doute, à peine conscient de notre existence et, bien qu'il puisse lui arriver parfois de remarquer une douleur ou des difficultés humaines qui émeuvent sa pitié et lui inspirent le désir de leur porter secours, sa vision plus vaste lui montre certainement qu'au point actuel de l'évolution des interventions semblables feraient, dans la très grande majorité des cas, beaucoup plus de mal que de bien.

Il y a certainement eu dans le passé, quand l'humanité était dans l'enfance, une période où l'homme recevait du dehors beaucoup plus d'aide qu'aujourd'hui. A l'époque où tous ses Bouddhas et tous ses Manous, et même ses chefs et ses maîtres moins élevés, sortaient des rangs, soit de l'évolution déva, soit d'une humanité arrivée à la

perfection et venant d'une planète plus avancée,
le genre d'assistance envisagé dans cet ouvrage a
dû incomber aussi à ces êtres exaltés. Mais, à mesure qu'il progresse, l'homme devient lui-même
capable d'aider ses semblables, d'abord sur le plan
physique, puis sur des plans supérieurs. Nous sommes actuellement arrivés à un stade où l'humanité
devrait pouvoir fournir – et elle le fait dans une
faible mesure – ses propres aides invisibles. Elle
donnerait ainsi aux êtres qui en sont susceptibles la
liberté de se consacrer à un travail plus utile encore
et plus élevé.

Il est donc évident que le genre de secours dont
nous parlons ici peut parfaitement être donné
par des hommes et par des femmes arrivés à un
certain degré d'évolution. Il ne le sera ni par les
adeptes – ils sont susceptibles de remplir une tâche
bien plus haute et d'une utilité bien plus vaste – ni
par les personnes ordinaires, sans développement
spirituel suffisant et incapables de se rendre utiles. Comme ces considérations nous amèneraient
à le supposer, le travail pour autrui, sur les plans
astral et mental inférieur, revient principalement
aux élèves des Maîtres, c'est-à-dire à des hommes,
qui, bien éloignés encore du moment de devenir
adeptes, se sont cependant suffisamment dévelop-

pés pour être capables d'agir consciemment sur les plans en question.

Quelques-uns, faisant un pas de plus, ont rendu complète l'union entre la conscience physique et celle des niveaux supérieurs; aussi ont-ils l'avantage incontestable de se rappeler, à l'état de veille, ce qu'ils ont fait et appris dans ces autres mondes. Beaucoup d'autres, encore incapables de conserver la continuité de leur conscience, sont loin cependant de perdre leur temps alors qu'ils croient dormir, car ils le consacrent à un travail généreux et désintéressé en faveur de leurs semblables.

Nous allons voir maintenant en quoi consiste le travail mais, avant d'aborder cette partie de notre sujet, nous irons au-devant d'une objection qu'on oppose très souvent à ce genre de tâche. En même temps nous citerons, pour mémoire, les cas relativement rares où les agents sont, soit des esprits de la nature, soit des hommes ayant dépouillé leur corps physique.

Certaines personnes, comprenant encore imparfaitement les idées théosophiques, se demandent souvent s'il leur est permis de chercher à aider les gens qu'elles voient affligés ou engagés dans des situations difficiles, craignant par là de mettre obstacle à l'accomplissement d'un décret

prononcé, dans sa justice absolue, par la loi éternelle du Karma. Cet homme, disent-elles, en effet,
se trouve dans sa situation présente parce qu'il l'a
méritée ; il recueille maintenant les conséquences parfaitement naturelles de quelque mauvaise
action commise dans le passé ; de quel droit en-
traverais-je l'action de la grande loi cosmique, en
essayant d'améliorer sa condition, soit sur le plan
astral, soit sur le plan physique ?

Les braves gens qui entretiennent de pareilles
idées font preuve en réalité, bien qu'à leur insu, de
l'aplomb le plus colossal, car leur attitude implique deux sous-entendus renversants : le premier,
qu'ils connaissent exactement la nature du Karma
de leurs semblables et la durée qu'il assigne à leur
souffrance ; le second, qu'eux-mêmes, insectes
éphémères, sont capables d'influencer la loi cosmique et d'empêcher, par telle ou telle action, les
conséquences régulières du Karma. Soyons-en bien
assurés : les grandes divinités karmiques sont parfaitement capables de se tirer d'affaire sans nous.
N'ayons aucune crainte ; quelles que soient nos
démarches, jamais elles ne pourront leur causer la
difficulté ni l'inquiétude la plus légère.

La nature de son karma empêche-t-elle un
homme d'être aidé, tous nos efforts et toute no-

tre bonne volonté, déployés en sa faveur, resteront vains. Néanmoins notre intention nous aura valu, personnellement, un bon karma. La nature du karma de cet homme ne nous concerne pas. Notre devoir est d'assister les autres de toutes nos forces. Nous n'avons droit qu'à l'action. Le résultat incombe à d'autres plus élevés que nous. Comment nous serait-il possible de savoir où en est le « compte » d'un homme ? Qui sait ? Peut-être vient-il d'épuiser son mauvais karma et se trouve-t-il au point précis où il lui faut une main secourable pour le soulager et le faire sortir de ses peines on de son découragement. Pourquoi n'aurions-nous pas, aussi bien qu'un autre, le plaisir et le privilège de cette bonne action ? *Pouvons*-nous l'aider ? Le fait même indique qu'il le mérite. Impossible de le savoir sans avoir, essayé. En tout cas, la loi karmique saura ne pas en souffrir ; inutile de nous en préoccuper.

Il est rare que l'assistance donnée à l'humanité lui vienne des esprits de la nature. La plupart de ces êtres fuient le séjour de l'homme et se retirent à son approche : ses émanations, l'inquiétude et l'agitation perpétuelles qu'il crée autour de lui leur sont antipathiques. D'autre part, à l'exception de quelques-unes des catégories les plus élevées, ils sont en général fantasques et étourdis et ressemblent beaucoup plus à des enfants prenant leurs ébats, dans des conditions physiques extrêmement favorables, qu'à des entités sérieuses et raisonnables. Il arrive bien, parfois, qu'un de ces esprits éprouve de l'attachement pour un homme et lui rende maint service, mais, au point actuellement atteint par son évolution, on ne peut compter sur ce royaume de la nature pour prêter à un travail d'assistance invisible rien qui ressemble à un concours régulier. Nous renvoyons le lecteur qui désirerait plus de détails sur les esprits de la nature au cinquième de nos manuels théosophiques[2].

Il peut arriver aussi que l'aide soit donnée par des personnes récemment décédées, par celles qui, s'attardent sur l'astral et suivent de près les affaires terrestres. C'est ce qui est arrivé, probablement, dans le cas cité plus haut, où une mère sauva ses enfants en les empêchant de tomber dans un puits. Mais on le comprendra, ce genre d'assistance ne peut être donné que très rarement. Plus une personne est dévouée aux autres, plus elle leur est utile, et moins il est probable de la rencontrer après sa mort s'attardant, en y conservant sa pleine

---

2 *Le Plan astral*, par C.-W. Leadbealcr, Bailly, 10 rue Saint-Lazare.

conscience, sur les niveaux inférieurs du plan astral, où l'on est le plus facilement à portée de la
terre. En tout cas, à moins qu'il ne s'agisse d'une
personne exceptionnellement mauvaise, son séjour
dans la seule région d'où il est possible d'intervenir sera relativement court et, bien que du monde
céleste elle puisse encore répandre une influence
bienfaisante sur ceux qu'elle a aimés sur la terre,
cette influence aura plutôt le caractère d'une bé-
nédiction générale que celui d'une force capable
d'amener un résultat défini dans un cas spécial,
comme ceux dont nous nous sommes occupés.

En outre, beaucoup de personnes décédées, désirant assister ceux qu'elles ont laissés derrière elles,
se trouvent dans l'impossibilité de les influencer en
rien, car, pour agir d'un plan donné sur une en-
tité vivant sur un autre, il faut soit une très grande
impressionnabilité chez cet autre, soit, chez l'opé-
rateur, un certain degré d'expérience et d'adresse.
Aussi, malgré la fréquence des apparitions de suite
après la mort, est-il rare de relever un cas où le
défunt se soit vraiment rendu utile ou ait réussi à
faire comprendre son désir à l'ami ou au parent vi-
sité par lui. Evidemment il en existe des exemples,
assez nombreux quand on vient à les réunir, mais
ils sont rares, relativement à la grande quantité de

« revenants » qui ont réussi à se rendre visibles. Les morts ne donnent donc généralement que peu d'assistance. Bien plus, comme nous l'expliquerons tout à l'heure, il est beaucoup plus fréquent pour eux d'avoir besoin de secours que d'être aptes à en prêter aux autres.

Aussi, pour le moment, le travail à accomplir dans cet ordre d'idées incombe-t-il dans une très large mesure aux personnes « vivantes », capables de fonctionner consciemment sur le plan astral.

CHAPITRE V

LA RÉALITÉ DE L'EXISTENCE HYPERPHYSIQUE

Il semble difficile aux personnes qui ne sont familiarisés qu'avec les vues ordinaires et tant soit peu matérialistes du XIXème siècle, de croire à l'existence d'un état de conscience parfait, indépendant du corps physique, et de s'en faire une idée bien nette. A coup sûr, tout chrétien est tenu de croire – c'est même le principe fondamental de sa religion – qu'il possède une âme. Mais, si vous lui suggérez que l'âme a peut-être une réalité suffisante pour devenir dans certaines conditions visible indépendamment du corps, soit pendant la vie, soit après la mort, il y a dix chances contre une pour qu'il vous réponde avec mépris qu'il ne croit pas aux revenants et qu'une idée pareille n'est qu'un anachronisme, un reste de superstition du moyen âge ayant fait leur temps.

Si donc nous voulons comprendre quelque chose au travail de la troupe des aides invisibles et peut-être apprendre nous-mêmes a y participer, il faut, dans cet ordre d'idées, rejeter les entraves des notions contemporaines et nous efforcer de saisir cette grande vérité, fait prouvé maintenant pour beaucoup d'entre nous, que le corps physique n'est réellement et simplement qu'un véhicule ou vêtement de l'homme proprement,dit. Nous le quittons d'une manière définitive en mourant, mais nous le quittons aussi d'une manière temporaire, chaque soir en nous endormant. Si nous nous endormons, c'est même précisément parce que l'homme véritable, dans son véhicule astral, se glisse hors du corps physique.

Ce n'est là, je le répète, ni une simple hypothèse, ni une ingénieuse supposition. Il y a parmi nous beaucoup de personnes qui savent pratiquer et pratiquent tous les jours de leur vie, en pleine conscience, cet acte de magie élémentaire : passer à volonté d'un plan sur l'autre. Ceci une fois admis, le lecteur comprendra combien doit leur paraître grotesque et absurde l'assertion habituelle (où la réflexion n'entre pour rien), que pareille chose est complètement impossible. Autant dire à une personne qu'il lui est impossible de s'endormir et que, si elle s'imagine l'avoir jamais fait, c'est qu'elle a été victime d'une hallucination.

Si un homme qui n'a pas encore développé le lien entre les consciences astrale et physique ne peut quitter à volonté son corps le plus dense, ni garder un souvenir bien complet de ce qui lui est arrivé au loin, il n'en est pas moins vrai qu'il le quitte chaque fois qu'il s'endort et peut être aperçu par une personne clairvoyante et expérimentée quelconque, planant au-dessus de son corps ou, suivant le cas, s'en écartant à une distance plus ou moins considérable.

Une personne de développement nul flotte généralement au-dessus du corps physique; c'est à peine si elle est moins endormie que lui; sa forme est relativement vague et à peine esquissée; en outre, elle ne peut être entraînée à plus d'une courte distance de ce corps physique, sans lui faire éprouver des sensations pénibles qui, de fait, provoquent le réveil. Mais, à mesure que son évolution progresse, l'homme acquiert un corps astral de plus en plus distinct et conscient et, par suite, un véhicule plus en rapport avec ses besoins. Chez la plupart des personnes intelligentes et cultivées, le degré de conscience est déjà très marqué. Quant à l'homme d'un développement spirituel même peu avancé, il est, dans ce véhicule, aussi pleinement lui-même que dans son corps plus dense.

S'il peut, durant le sommeil, être parfaitement conscient sur le plan astral et y circuler librement et à sa volonté, il ne s'ensuit pas cependant qu'il soit prêt à grossir les rangs des aides. L'homme de cette catégorie est en général tellement plongé dans ses propres pensées – habituellement une continuation de ses pensées de l'état de veille – qu'il ressemble à une personne abîmée dans ses réflexions, trop absorbée pour faire aucune attention à ce qui se passe autour d'elle. A beaucoup d'égards, il est bon qu'il en soit ainsi, car il y a sur le plan astral bien des choses capables d'énerver et de terrifier un homme à qui manquerait le courage né d'une familiarité complète avec la nature réelle de tout ce qu'on y voit.

Il peut arriver qu'un homme sorte graduellement de cet état et que ses yeux s'ouvrent, pour ainsi dire, au milieu astral, mais le plus souvent il reste dans cette situation jusqu'à ce qu'une personne, active déjà sur ce plan, se charge de lui et le réveille. Ce n'est pas là, pourtant, une responsabilité à prendre à la légère, car, s'il est relativement facile d'éveiller un homme sur le plan astral, il est presque impossible de le rendormir, à moins de recourir à des moyens mesmériques fort peu recommandables. Avant de vouloir tirer ainsi une personne de ses rêves, un membre de la troupe des aides doit donc s'assurer pleinement que ses dispositions soient telles qu'elle fasse un bon usage des facultés nouvelles mises à sa portée et, de plus, que ses connaissances et son courage soient suffisants pour que son réveil n'ait vraisemblablement pas pour elle de conséquences fâcheuses.

Ainsi réveillé, un homme sera mis à même de se joindre, s'il le désire à ceux qui aident l'humanité. Mais, il faut bien le comprendre, ceci n'implique pas nécessairement, ni même généralement, la faculté de se rappeler, au retour à l'état de veille, rien de ce qui a été fait. Cette faculté, l'homme doit la développer par lui-même. Elle ne se manifeste le plus souvent que bien des années après ; peut-être même ne sera-ce pas dans la même vie. Ce défaut de mémoire dans le corps physique ne nuit heureusement en rien au travail fait hors du corps ; aussi, à part la satisfaction qu'on peut éprouver à connaître, pendant l'état de veille, le travail fait pendant le sommeil, ce défaut de mémoire n'a-t-il aucune importance. Le point capital, c'est que le travail soit fait ; ce n'est pas de se rappeler le nom des ouvriers.

CHAPITRE VI

UNE INTERVENTION EN TEMPS UTILE

Le travail astral est varié, mais son grand et unique but est toujours de seconder, même dans la plus humble mesure, la marche évolutive. Quelquefois il est consacré au développement des règnes inférieurs susceptibles, dans des conditions données, d'une légère accélération. Les adeptes qui nous dirigent reconnaissent nettement l'existence de devoirs envers ces royaumes inférieurs, élémental aussi bien qu'animal et végétal, puisque, dans certains cas, leur progrès n'est possible que s'ils sont en rapport avec l'homme ou employés par lui.

Mais, naturellement, la plus grande et la plus importante partie de la tâche est consacrée de diverses façons à l'humanité. Les services qui lui sont rendus sont nombreux et variés, mais la plupart ont pour objet le développement spirituel de l'homme, les interventions physiques mentionnées dans les premières pages de ce livre étant excessivement rares. Elles ont pourtant lieu quelquefois et, malgré mon désir d'insister sur la possibilité d'aider mentalement et moralement nos semblables, il sera peut-être bon de citer deux ou trois cas où des amis, que je connais personnellement, ont prêté physiquement secours à des personnes qui en avaient un besoin extrême; ils montreront comment ces expériences faites par nos aides concordent avec les récits des personnes secourues d'une manière supernormales, j'entends avec ces histoires qu'on trouve dans la littérature des faits surnaturels.

Pendant la dernière révolte du Matabeland, l'un de nos membres reçut une mission de miséricorde qui peut servir à montrer comment l'assistance a été parfois prêtée sur ce plan inférieur. Une nuit, paraît-il, un fermier et sa famille, habitant ce pays, dormaient tranquillement, se croyant en sûreté. Ils étaient loin de se douter qu'à peu de milles delà, des hordes impitoyables d'ennemis sauvages étaient en embuscade et sur le point de mettre à exécution un infernal complot de meurtre et de pillage. Notre camarade avait pour instructions de faire comprendre, d'une façon ou d'une autre, à la famille endormie, le danger terrible qui la menaçait d'une manière si imprévue. Ce ne fut pas facile, loin de là.

La tentative d'imprimer dans le cerveau du fermier l'idée d'un péril imminent échoua complètement et, l'urgence semblant exiger des mesures énergiques, notre amie résolut de se matérialiser suffisamment pour secouer la fermière par l'épaule et la supplier de se lever et de regarder autour d'elle.

Dès qu'elle eut réussi à éveiller son attention, elle disparut et jamais depuis lors la femme du fermier n'a pu découvrir quelle voisine l'avait réveillée si à propos, sauvant ainsi toute la famille qui, sans cette mystérieuse intervention, eût été certainement massacrée au lit une demi-heure plus tard. Elle ne peut, d'ailleurs, encore s'expliquer comment cette amie secourable a trouvé moyen d'entrer, toutes les fenêtres et toutes les porte étant si bien barricadées.

Ainsi brusquement réveillée, la fermière fut tentée de regarder l'avertissement comme un rêve. Elle se leva pourtant, simplement pour s'assurer que tout était en ordre. Bien lui en prit car, à peine eut-elle ouvert un volet, qu'elle vit dans le ciel la rougeur d'un incendie lointain. Elle réveilla immédiatement son mari et le reste de la famille et, ainsi prévenus à temps, ils réussirent à gagner une cachette voisine, un instant avant l'arrivée de la horde sauvage. Celle-ci détruisit bien la maison et ravagea les champs, mais la proie humaine qu'elle s'attendait à trouver lui échappa. On comprendra les sentiments éprouvés par le sauveteur, en lisant dans un journal, quelque temps après, un récit du salut providentiel de cette famille.

CHAPITRE VII

Une Histoire D' « Ange »

Un autre cas d'intervention sur le plan physique s'est présenté récemment. On y trouverait la matière d'un bien joli récit, bien que cette fois une vie seulement ait été sauvée. Au nombre de nos aides, ici en Europe, s'en trouvent deux qui, jadis frères dans l'Egypte ancienne, sont aujourd'hui encore étroitement unis. Dans l'incarnation présente, il existe entre eux une différence d'âge considérable. L'un est d'âge mur ; l'autre n'est encore qu'un enfant, relativement au corps physique, tout en étant un ego déjà très avancé et promettant beaucoup. C'est naturellement à l'aîné qu'incombe la tâche de former et de diriger le plus jeune dans le travail occulte qui leur tient tant à coeur et, comme ils sont l'un et l'autre entièrement conscients et actifs sur le plan astral, ils consacrent presque toutes les heures où leurs corps plus denses sont endormis, à travailler ensemble sous la direction de leur Maître commun et à aider, de leur mieux, les vivants et les morts.

J'emprunte le récit de l'épisode que je voudrais rapporter, à une lettre écrite, immédiatement après, par un des deux aides ; la description qu'elle en donne est plus saisissante et plus pittoresque que ne pourrait l'être aucune relation rédigée par un tiers.

« Nous allions nous occuper de toute autre chose quand Cyril s'écria subitement : Qu'est-ce que c'est que ça ? – Car nous venions d'entendre un cri terrible, cri de douleur ou d'effroi. Un instant plus tard nous arrivions, pour découvrir qu'un garçon, âgé de onze à douze ans, était tombé du haut d'une falaise sur des rochers et s'était très grièvement blessé. Le pauvre petit s'était cassé un bras et une jambe ; mais, ce qu'il y avait de pis, il s'était fait à la cuisse une terrible coupure d'où le sang, coulait à flots. Cyril s'écria : Aidons-le vite ou il va mourir !

« Dans des accidents semblables, il faut réfléchir vite. Il y avait évidemment deux partis à prendre : arrêter le sang et nous procurer une assistance physique. Je devais soit matérialiser Cyril, soit me matérialiser moi-même, car nous avions immédiatement besoin de mains physiques pour serrer un bandage et d'ailleurs il semblait bon que dans ces souffrances le pauvre garçon pût voir quelqu'un près de lui. Je sentais bien qu'il serait beaucoup plus à l'aise avec Cyril qu'avec moi et, en même temps, que je serais sans doute plus à même que Cyril de trouver du secours. La division du travail était donc indiquée.

« La combinaison réussit à merveille. Je matérialisai Cyril sur-le-champ – (il ne sait pas encore le faire seul) – et lui dis de prendre la cravate de l'enfant, de la passer autour de la cuisse et de la tordre au moyen d'un bâton. – Mais cela va lui faire un mal affreux! dit Cyril. – Il le fit, néanmoins et le sang cessa de couler. Le blessé semblait à moitié évanoui et pouvait à peine parler, mais il leva les yeux vers la petite forme lumineuse qui se penchait anxieusement sur lui et demanda: Êtesvous un ange, Monsieur? – Non, je ne suis qu'un garçon, mais je suis venu à votre secours. Laissant alors Cyril réconforter le blessé, je partis bien vite chercher la mère qui demeurait à environ un mille de là.

« Jamais vous ne saurez la peine que j'ai eue à faire entrer dans la tête de cette femme la conviction qu'il était arrivé quelque chose et qu'il fallait aller voir ce que c'était. Enfin elle laissa tomber la casserole qu'elle nettoyait et dit à haute voix : Je ne sais pas ce que j'ai, mais il faut que j'aille trouver mon garçon ! – Une fois partie, je pus la diriger sans trop de peine, ne cessant pourtant d'assurer par la force de la volonté la cohésion de Cyril, de peur que l'ange du pauvre petit ne disparût subitement à ses yeux.

« Il faut vous dire qu'en matérialisant un corps on fait passer la matière de son état naturel à un autre ; on entrave, pour ainsi dire, momentanément la volonté cosmique. Une demi-seconde de distraction et la matière retourne avec la rapidité de l'éclair à son état primitif. Je ne pouvais donc accorder à cette femme qu'une attention partielle. Je trouvai pourtant moyen de la faire avancer et, au moment où elle tourna le coin de la falaise, je laissai Cyril disparaître.

« L'accident était arrivé de grand matin, et le soir j'allai (astralement) visiter la famille pour voir comment on se portait. Le bras et la jambe du pauvre garçon avaient été remis, et la coupure pansée. Il était dans son lit, très pâle et très faible, mais évidemment envoie de guérison. La mère avait auprès d'elle deux voisines et leur racontait l'histoire, un curieux récit vraiment pour une personne au courant des faits.

« Elle expliqua, en ses propres termes, que tout à coup, sans pouvoir dire quoi, elle avait senti comme ça en elle quelque chose lui disant qu'il était arrivé malheur à son garçon et qu'il *fallait* aller à sa recherche. Elle avait d'abord cru que c'était des bêtises et essayé de se débarrasser de cette idée, mais ça n'avait servi à rien, il avait fallu partir. Elle raconta comment, sans savoir pourquoi, elle avait pris par cette falaise-là plutôt que par un autre chemin, mais que c'était comme ça et puis, en tournant le coin, elle avait aperçu le petit, appuyé contre un rocher, ayant à genoux près de lui le plus bel enfant qu'elle eût jamais vu, tout habillé de blanc et tout brillant, avec des joues roses et des si jolis yeux bruns! Il lui avait souri d'un sourire céleste et puis, tout à coup, il avait disparu, la laissant si surprise tout d'abord qu'elle ne savait que penser. Mais alors, subitement, elle avait compris et s'était agenouillée pour remercier Dieu d'avoir envoyé un de ses anges au secours de son pauvre enfant.

« En soulevant l'enfant pour le porter à la maison, raconta-t-elle ensuite, elle avait voulu lui enlever le mouchoir qui lui entrait si fort dans la jambe, mais il s'y était opposé, disant que l'ange avait fait le noeud en disant de ne pas y toucher – et en racontant cela plus tard au médecin il lui avait expliqué que, si elle avait défait le noeud, son garçon serait certainement mort.

« Elle rapporta ensuite le récit de l'enfant. De suite après sa chute le beau petit ange était venu à lui. C'était un ange, pour sûr, car il savait qu'étant au haut de la falaise un moment auparavant il n'avait vu personne à un mille à la ronde ; seulement il ne pouvait pas comprendre pourquoi l'ange n'avait pas d'ailes et pourquoi il disait n'être qu'un garçon. L'ange l'avait adossé contre un rocher et lui avait bandé la jambe, puis lui avait parlé, lui disant de ne pas avoir peur, car on était parti chercher sa mère qui allait arriver. L'ange l'avait embrassé et tout fait pour bien l'installer, lui tenant tout le temps la main dans sa propre petite main douce et chaude et lui racontant d'étranges et belles histoires dont il ne se souvenait plus très bien, mais qui devaient être bien intéressantes, car il avait presque oublié ses blessures quand il vit arriver sa mère. A ce moment, l'ange lui avait assuré qu'il serait vite guéri et, après lui avoir serré la main, il avait disparu.

« Depuis lors un véritable réveil religieux s'est manifesté dans le village ! Leur pasteur leur a dit qu'une intervention aussi remarquable de la divine providence était un signe voulu par Elle, destiné à faire taire les moqueurs et à prouver la vérité de l'Ecriture sainte et de la religion chrétienne, personne d'ailleurs ne semblant comprendre la présomption colossale impliquée par cette étonnante affirmation.

« Mais l'effet produit sur l'enfant a été incontestablement bon, au moral comme au physique. On s'accorde à dire qu'il était auparavant un gamin assez étourdi, mais maintenant, sentant toujours que son « ange » peut être près de lui, il a peur d'être vu ou entendu et ne fait ou ne dit jamais rien de violent, de grossier ou d'emporté. Son grand et unique désir est de revoir un jour son ange, et il sait qu'à l'heure de la mort son charmant visage sera le premier à l'accueillir de l'autre côté.»

Belle et touchante petite histoire, assurément. La morale tirée de l'événement par le village et son pasteur est peut-être une conclusion illogique, du moins le témoignage rendu à l'existence, même vague, d'un Au-delà par rapport à ce plan matériel fera-t-il sûrement plus de bien que de mal. Après tout, la mère a tiré de ce qu'elle a vu une conclusion parfaitement exacte, bien qu'avec un peu d'expérience elle se fût probablement exprimée différemment.

Un fait intéressant, révélé à l'auteur de cette lettre par des recherches ultérieures, jette une lumière curieuse sur les causes latentes d'incidents semblables. Les recherches ont démontré que les deux enfants s'étaient déjà rencontrés et que, il y a plusieurs milliers d'années, l'enfant tombé de la falaise avait été esclave de l'autre et avait un jour, en risquant sa propre vie, sauvé celle de son jeune maître. Cet acte lui avait valu l'affranchissement. Et voilà qu'aujourd'hui, bien longtemps après, le maître non seulement rend la pareille à son ancien esclave, mais encore lui inspire, avec un idéal élevé, des raisons pour mener une vie morale qui, probablement, donneront à son évolution future une orientation toute nouvelle. Tant il est vrai que le Karma, malgré la lenteur apparente de sa marche, ne laisse jamais sans récompense aucune bonne action et que :

Si les meules de Dieu sont lentes – le grain est pourtant moulu très fin ; – S'il attend avec patience – avec exactitude tout est moulu[3].

---

3   *Longfellow.* (N. d T.)

CHAPITRE VIII

Une Histoire D'incendie

Une autre expérience du même jeune Cyril est presque exactement semblable à certains récits, déjà publiés, cités au commencement de cet ouvrage. Cyril et son ami plus âgé s'en allaient, une nuit, au cours de leur travail ordinaire, quand, apercevant au-dessous d'eux la lueur intense d'un incendie considérable, ils se hâtèrent de descendre pour voir s'ils pouvaient se rendre utiles. C'était un hôtel qui brillait, un énorme caravansérail au bord d'un vaste lac. L'édifice, qui comprenait de nombreux étages, entourait une sorte de jardin et formait trois des côtés d'un rectangle dont le lac formait le quatrième. Les deux ailes allaient jusqu'au lac, les larges baies qui les terminaient surplombant presque l'eau, de manière à ne laisser de chaque côté qu'un passage fort étroit.

La façade et les ailes étaient construites autour
de puits intérieurs qui contenaient les cages en bois
des ascenseurs. Dès le début, l'incendie se propagea
donc avec une rapidité presque incroyable et, avant
le moment où nos amis l'aperçurent au cours de
leur voyage astral, tous les étages situés à mi-hauteur de chacun des trois grands bâtiments étaient
en flammes. Les habitants, à l'exception d'un petit
garçon, avaient heureusement été sauvés, bien que
plusieurs eussent reçu de très graves brûlures et
d'autres blessures.

L'enfant avait été oublié dans une des chambres supérieures de l'aile gauche; ses parents
étaient au bal et ne se doutaient pas de l'incendie
et, assez naturellement, personne ne pensa au petit
garçon avant qu'il ne fût beaucoup trop tard. Le
feu avait pris un tel développement dans les étages situés à mi-hauteur de cette aile qu'il n'y aurait
rien eu à faire, même si l'on avait pensé à l'enfant,
sa chambre donnant sur le jardin intérieur dont
j'ai parlé. Aucun secours extérieur ne pouvait donc
plus l'atteindre. En outre, il ne se doutait même
pas du danger, car la fumée épaisse et suffocante
avait si graduellement envahi la chambre que son
sommeil, devenant de plus en plus profond, s'était
presque changé en léthargie.

Il fut trouvé dans cet état par Cyril, qui semble spécialement attiré par les enfants ayant besoin d'aide ou menacés par un danger. Cyril essaya d'abord, mais en vain, de rappeler aux habitants de l'hôtel l'existence de l'enfant. D'ailleurs, il semblait à peine possible qu'ils fussent parvenus à le secourir, et il devint bientôt évident que c'était là du temps perdu. Le plus âgé des deux aides matérialisa donc Cyril, comme il l'avait déjà fait, et lui dit de réveiller et de rappeler à lui l'enfant déjà presque inconscient. Cyril y parvint jusqu'à un certain point, non sans peine, mais l'enfant, pendant tout ce qui suivit, resta dans un état partiel d'étourdissement et d'inconscience, si bien qu'il fallut le pousser et le tirer, le guider et l'aider à chaque changement de direction.

Les deux garçons, se traînant sur les mains, passèrent de la chambre dans le corridor qui parcourait toute l'aile. Là, voyant que la fumée et les flammes, commençant à traverser le plancher, rendaient le passage impossible pour un corps physique, Cyril ramena l'autre enfant dans la chambre, le fit sortir par la fenêtre et le plaça sur un rebord en pierre qui régnait tout le long, du bâtiment immédiatement au-dessous des fenêtres. Sur ce rebord il parvint à guider son compagnon, lui-même était à la fois appuyé sur ce rebord et flottant sur le vide, mais restait toujours en dehors de l'autre enfant, pour lui éviter le vertige et la peur de tomber.

Presque au bout du bâtiment le plus rapproché du lac, direction où l'incendie semblait le moins avancé, ils rentrèrent, en escaladant une fenêtre ouverte, et se retrouvèrent dans le corridor. Ils espéraient trouver, à cette extrémité, l'escalier encore praticable, mais il était trop envahi par les flammes et par la fumée. Ils revinrent donc en arrière, en rampant le long du corridor. Cyril conseillant à son compagnon de maintenir la bouche près du plancher. Ils atteignirent ainsi la cage à claire-voie de l'ascenseur occupant le grand-puits placé au centre du bâtiment.

L'ascenseur naturellement était en bas, mais ils parvinrent à descendre par le treillis intérieur de la cage jusqu'à ce qu'ils se trouvassent sur le toit de l'ascenseur lui-même. Là ils se virent bloqués, mais Cyril découvrit heureusement une porte donnant de la cage de l'ascenseur dans une sorte d'entre-sol situé juste au-dessus du rez-de-chaussée. Par cette issue ils gagnèrent le corridor, le petit garçon étant à moitié asphyxié, puis ils traversèrent une des chambres en face et, finalement, sortant par la fenêtre, se trouvèrent sur le haut de la véranda qui régnait d'un bout à l'autre du rez-de-chaussée, le séparant du jardin.

De là, il était assez facile de descendre, en se laissant glisser le long d'un des piliers, et d'atteindre le jardin. Mais ici même la chaleur était intense et le danger y eût été extrême quand les murs seraient tombés. Cyril tenta donc de conduire son protégé au bout d'une des ailes, mais, sur ces deux points, les flammes avaient fait irruption, et ces passages étroits que surplombait le bâtiment étaient complètement impraticables. Enfin ils se réfugièrent dans un des canots amarrés à des marches descendant d'une sorte de quai, situé au bout du jardin, jusque dans l'eau, et, détachant l'embarcation, s'éloignèrent du rivage en ramant.

Cyril aurait voulu gagner à l'aviron l'autre côté de l'aile en flammes et y faire débarquer l'enfant qu'il avait sauvé ; mais, à peine étaient-ils partis, qu'ils furent rencontrés par un bateau à vapeur faisant le service du lac et aperçus, car la lueur de l'hôtel incendié illuminait toute cette scène, et chaque objet se voyait comme en plein jour. La bateau à vapeur accosta le canot pour prendre à bord les enfants, mais l'équipage, au lieu des deux garçons qu'on avait vus, n'en trouva plus qu'un. L'ami plus âgé s'était hâté de faire reprendre à Cyril sa forme astrale, en dissipant la matière plus dense qui lui avait momentanément servi de corps physique. Cyril était donc de nouveau invisible.

On fit naturellement des recherches, mais sans trouver trace du deuxième enfant. On en conclut qu'il était tombé à l'eau et s'était noyé, au moment où le canot était accosté. L'enfant qui avait été recueilli s'évanouit dès qu'il fut à bord et en sûreté ; on ne parvint donc à obtenir de lui aucune explication et, en reprenant connaissance, il ne put dire qu'une chose, c'est qu'il avait vu l'autre garçon au moment où le vapeur approchait et qu'il ne savait rien de plus.

Le bateau à vapeur avait pour destination une localité située plus loin au bord du lac, mais à deux jours de route ; aussi se passa-t-il une semaine environ avant que l'enfant recueilli pût être rendu à ses parents qui, bien entendu, supposaient qu'il avait péri dans les flammes. On tenta de leur suggérer mentalement que leur fils était sauvé, mais ce fut impossible. Le lecteur peut donc se figurer avec quelle joie ils le retrouvèrent.

L'enfant est aujourd'hui heureux et en bonne santé et ne se lasse pas de raconter sa merveilleuse aventure. Il a bien souvent regretté la mort mystérieuse de son bon ami, survenue au moment même où tout danger semblait passé. À vrai dire, il a bien essayé d'insinuer que son ami n'avait peut être *pas* péri, que c'était peut-être un prince de fées ; mais, naturellement, cette idée ne provoqua chez les personnes plus âgées que des sourires de supériorité indulgente. Le lien karmique unissant l'enfant à son sauveteur n'a pas encore été trouvé, mais il en existe certainement un quelque part.

CHAPITRE IX

MATÉRIALISATION ET
RÉPERCUSSION

En présence de faits comme le précédent, l'étudiant demande souvent si l'aide invisible est parfaitement en sûreté au milieu de ces périls mortels ; si, par exemple, cet enfant matérialisé pour en faire sortir un autre d'une maison en flammes ne courait pas personnellement un certain danger ; si son corps physique n'aurait aucunement souffert par répercussion au cas où sa forme matérialisée eût traversé les flammes ou fût tombée de la corniche escarpée dont il suivait si tranquillement le bord. Nous savons que dans bien des cas la forme matérialisée et le corps physique ont des rapports suffisamment étroits pour rendre possible la répercussion. N'aurait-il pu, dans ce cas, en être ainsi ?

La question de la répercussion est extrêmement obscure et difficile, et nous sommes loin de pouvoir encore expliquer entièrement ses très remarquables phénomènes. A vrai dire, il faudrait probablement, pour s'en faire une idée parfaite, comprendre les lois gouvernant sur plus d'un plan les vibrations synchrones. Connaissant cependant, pour les avoir observées, certaines des conditions permettant à la répercussion de se produire et certaines autres s'y opposant nettement, nous croyons pouvoir dire que dans ce cas elle était absolument impossible.

Pour en saisir la raison, rappelons-nous d'abord qu'il existe au moins trois genres bien distincts de matérialisation ; toute personne ayant une certaine expérience du spiritisme est fixée sur ce point. Je n'ai pas en ce moment à entrer dans aucune explication concernant la manière dont se produit chacun de ces trois genres de matérialisation. Je me borne à dire que leur existence est un fait indubitable.

1° Il y a d'abord la matérialisation qui, bien que tangible, n'est pas visible pour la vue physique normale. De ce genre sont les mains invisibles qui, si souvent, vous serrent le bras ou vous caressent le visage pendant une *séance*, qui parfois portent à travers l'espace des objets physiques ou frappent

des coups sur une table; ces derniers phénomènes pouvant d'ailleurs se produire facilement, sans
aucune main physique.

2° Vient ensuite la matérialisation qui, bien que
visible, n'est pas tangible, forme-esprit à travers laquelle la main passe comme s'il n'y avait que de
l'air. Dans certains cas, ce genre de phénomène a
un caractère vaporeux et impalpable dont on se
rend compte à première vue. Dans d'autres, son
apparence est entièrement normale, si bien que sa
solidité, ne fait aucun doute, jusqu'au montent où
l'on tente de le saisir.

3° Il y a enfin la matérialisation parfaite à la
fois visible et tangible, qui, non seulement offre
la ressemblance extérieure de votre ami défunt,
mais encore vous serre cordialement la main, avec
l'étreinte que vous connaissez si bien.

Or, si les exemples ne manquent pas pour prouver que la répercussion a lieu, dans certaines conditions, dans le cas des matérialisations du troisième
genre, il est beaucoup moins certain qu'elle se pro-
duise dans celui des matérialisations des premier
ou deuxième. Dans le cas de notre jeune aide, il est
probable que la matérialisation ne se rattache pas
au troisième genre, car il est de règle d'éviter, avec
le plus grand soin, une dépense de force dépassant

la quantité strictement nécessaire pour produire les formes partielles qui constituent les première et deuxième classes. Il est probable que le bras qui tenait l'enfant était seul solide et tangible et que le reste du corps, d'apparence pourtant très naturelle, aurait été, à l'épreuve, reconnu beaucoup moins palpable.

Mais, outre cette probabilité, un autre point est à considérer. Une matérialisation complète, qu'il s'agisse d'un sujet vivant ou mort, à pour condition une certaine accumulation de matière physique. Dans les séances spirites, cette matière est obtenue, en grande partie, aux dépens du double éthérique du médium, quelquefois même aux dépens de son corps physique ; certaines observations ont en effet démontré que son poids avait très considérablement diminué pendant les manifestations en question.

Si les entités dirigeant la *séance* emploient cette méthode, c'est simplement parce que la manière la plus facile, de beaucoup, d'obtenir la matérialisation est de disposer d'un médium. Il en résulte le rapport le plus étroit entre le médium et le corps matérialisé, et le phénomène, si imparfaitement compris, que nous appelons répercussion, se produit sous sa forme la plus marquée. Si, par exemple, on enduit de craie les mains du corps matérialisé, cette craie se retrouvera sur les mains du médium, même s'il a été constamment et soigneusement enfermé dans un cabinet, les conditions de l'expérience écartant absolument tout soupçon de fraude. Une blessure quelconque est-elle faite à la forme matérialisée, cette blessure se reproduira, chez le médium, sur la partie correspondante de son corps. Quelquefois des aliments pris par la forme-esprit se trouveront avoir passé dans le corps du médium ; j'ai eu, du moins personnellement, l'occasion d'observer ce fait.

Rien de semblable n'aurait eu lieu dans le cas que nous avons rapporté. Cyril était à des milliers de milles de son corps physique endormi ; il eût donc été tout à fait impossible à son ami d'emprunter à ce corps de la matière éthérique. D'ailleurs les règles auxquelles sont soumis tous les élèves des grands Maîtres de la Sagesse, dans leur oeuvre d'assistance, l'eussent certainement empêché de soumettre le corps d'une autre personne, même dans la plus louable des intentions, à une semblable épreuve. Ce procédé ne serait d'ailleurs aucunement indispensable. La méthode infiniment moins dangereuse, toujours employée par les aides quand ils jugent la matérialisation utile, est à leur disposition : celle de condenser, en l'empruntant à l'éther ambiant ou même à l'air physique, la quantité de matière nécessaire. Cette opération, dont les entités qui se manifestent dans les séances sont en général incapables, n'offre pas de difficultés pour un étudiant de la chimie occulte.

Mais remarquez la différence des résultats. Dans le cas du médium, nous avons une forme matérialisée, en rapport aussi étroit que possible avec le corps physique, constituée de sa substance même et, par suite, capable de déterminer tous les phénomènes de la répercussion. Dans le cas de l'aide, nous avons bien une reproduction exacte du corps physique, mais elle est formée, par un effort mental, d'une matière entièrement étrangère au corps et n'est pas plus capable de réagir sur lui par répercussion qu'une simple statue en marbre représentant l'homme.

Voilà pourquoi le passage à travers les flammes ou la chute du haut d'une corniche élevée n'auraient pas causé de terreurs pour le jeune aide et que, dans une autre circonstance, un membre de la troupe, bien que matérialisé, put, sans inconvénient pour le corps physique, s'enfoncer sous les eaux avec un navire qui sombrait. (Voyez p. 87.)

Dans les deux circonstances rapportées plus haut, on aura remarqué que, le jeune Cyril ne pouvant se matérialiser, cette opération devait être faite pour lui par un ami plus âgé. Une autre de ses expériences mérite d'être rapportée car dans cette occasion il put, en éprouvant une vive pitié et par la force de la volonté, se rendre visible cas analogue à celui, déjà rapporté, d'une mère qui, grâce à son amour, parvint à se manifester pour sauver la vie de ses enfants.

Le fait peut sembler inexplicable, mais l'existence, dans la nature, de cet extraordinaire pouvoir de la volonté sur la matière de tous les plans ne peut être mis en doute. La force est-elle assez grande, son action directe sera, de fait, illimitée, et cela sans que l'homme exerçant cette volonté connaisse la manière dont elle accomplit son oeuvre, sans même qu'il y réfléchisse. Nous avons des preuves nombreuses que cette faculté joue un rôle dans les matérialisations, bien que normalement elle constitue un art qu'il faut apprendre, tout comme un autre. Assurément, le premier venu, se trouvant sur le plan astral, ne saurait pas plus se matérialiser sans avoir d'abord appris à le faire, que le premier venu ne peut, sur ce plan-ci, jouer du violon sans

étude préalable ; mais il y a des exceptions, comme
le montrera le récit suivant.

CHAPITRE X

Les Deux Frères

C e récit a été publié par un auteur dont les dons dramatiques sont de beaucoup supérieurs aux miens et avec une abondance de détails qui ne peuvent trouver place ici, dans *The Theosophical Review* de novembre 1897, page 229. Je renvoie le lecteur à cette relation, car mon récit ne sera qu'une esquisse, aussi brève que le permettra la clarté. Les noms donnés sont, bien entendu, fictifs, mais les incidents sont rapportés avec une scrupuleuse exactitude.

Dramatis personæ: deux frères, fils d'un gentleman habitant la campagne: Lancelot, âgé de quatorze ans, et Walter, âgé de onze ans; deux bons garçons, du type ordinaire, sains et énergiques, comme le sont bien d'autres dans ce beau royaume et ne semblant pas présenter la moindre disposition psychique, sauf le fait qu'ils avaient dans les veines beaucoup de sang celte. Ce qui les caractérisait le plus, c'était peut être la profonde affection qui les unissait. Ils étaient tout simplement inséparables. Aucun ne consentait à faire un pas sans l'autre, et le plus jeune adorait son aîné comme peut seul le faire un cadet.

Un jour, hélas! Lancelot tomba de son poney et se tua – et dès lors pour Walter le monde sembla vide. La douleur de l'enfant était si vraie et si terrible qu'il ne pouvait ni manger ni dormir. Sa mère et sa bonne ne savaient plus que faire pour lui. Il paraissait aussi sourd à la persuasion qu'au blâme. Lui disait-on que son chagrin était coupable et que son frère était au ciel, il se bornait à répondre qu'on n'en était pas sûr et que, même si c'était vrai, il savait que Lancelot ne pouvait pas plus être heureux au ciel sans lui, que lui sur la terre sans Lancelot.

Le fait peut sembler incroyable, mais le pauvre enfant mourait littéralement de chagrin. Or, ce qui rendait le fait plus touchant encore, c'est qu'à l'insu de Walter, son frère était constamment auprès de lui, pleinement conscient de sa douleur et lui-même presque affolé de ne pouvoir, malgré ses efforts renouvelés, toucher Walter ou lui parler.

Cette situation lamentable durait encore, le troisième jour après l'accident, quand l'attention de Cyril fut attirée par les deux frères, sans qu'il pût dire comment.

« Il s'est trouvé que je passais par là », dit-il; mais c'est sûrement la volonté des Maîtres de Compassion qui lui servit de guide. Le pauvre Walter était couché, épuisé mais sans sommeil, seul avec son désespoir, lui semblait-il, bien que son frère affligé se tînt constamment près de lui. Lancelot délivré des entraves de la chair, pouvait voir et entendre Cyril. Il fallait donc, naturellement, commencer par lui offrir amicalement le moyen de communiquer avec son frère.

Dès qu'il eut réconforté par l'espoir l'enfant décédé, Cyril se tourna vers l'enfant vivant, et essaya, de toutes ses forces, d'imprimer dans son cerveau l'idée que son frère était présent, non pas mort, mais comme autrefois plein de vie et d'affection. Tous ses efforts furent inutiles. La lourde apathie du chagrin dominait tellement l'esprit du pauvre Walter qu'il restait fermé à toute suggestion, et Cyril ne savait plus que faire. Pourtant, il éprouvait en présence de ce triste spectacle une si profonde émotion, une si vive sympathie, il était si fermement résolu à se rendre utile d'une manière ou d'une autre, en dépensant pour cela toute la force nécessaire, qu'il trouva moyen, sans pouvoir même aujourd'hui dire comment, de toucher l'enfant désolé et de lui adresser la parole.

Sans s'arrêter aux questions de Walter, lui demandant qui il était et comment il était venu, il alla droit au point, lui disant que son frère était là, près de lui, et s'efforçant de lui faire comprendre, par ses assurances réitérées, que Lancelot n'était pas mort, mais vivant et désirait ardemment pouvoir l'aider et le consoler. Le petit Walter aurait bien voulu croire, mais osait à peine espérer. Enfin l'ardeur et l'insistance de Cyril vainquirent ses doutes.

« Oh, dit-il, je vous crois, car vous êtes si bon ! Mais si seulement je pouvais le voir, je pourrais savoir, je serais tout à fait sûr ! Si seulement j'entendais sa voix, me disant qu'il est heureux, cela ne me ferait rien si ensuite il me quittait de nouveau. »

Malgré son expérience encore limitée, Cyril en savait assez pour ne pas ignorer qu'un voeu semblable est rarement accordé. Il commençait, bien à regret, à le dire à Walter, quand subitement il sentit une présence que tous les aides connaissent et, bien qu'aucun mot ne fût prononcé, il reçut mentalement l'injonction de ne pas dire à Walter ce qu'il se proposait de lui répondre, mais de lui promettre que la faveur que son coeur désirait lui serait accordée.

« Attendez mon retour, dit Cyril, et alors vous le verrez » ; puis il disparut.

Ce contact du Maître avait suffi pour lui montrer ce qu'il fallait faire et la manière de s'y prendre ; Cyril était parti, en toute hâte, pour chercher l'ami plus âgé qui l'avait déjà si souvent assisté. Cet homme plus âgé ne s'était pas encore retiré pour la nuit, mais en recevant l'appel pressant de Cyril il se hâta de le suivre. Quelques minutes plus tard, ils se trouvaient au chevet de Walter. Le pauvre enfant commençait à croire qu'il n'avait fait qu'un beau rêve. Son bonheur et son soulagement, quand il vit reparaître Cyril, furent touchants, mais le spectacle fut bien plus touchant encore un instant plus tard quand, sur l'injonction du Maître, l'homme plus âgé matérialisa l'impatient Lancelot et que le vivant et le mort se retrouvèrent de nouveau la main dans la main.

Pour les deux frères, la douleur s'était littéralement transformée en joie ineffable. Ils ne cessaient de déclarer que jamais plus ils ne seraient tristes, sachant maintenant que la mort ne pouvait les séparer. Leur joie ne se laissa pas assombrir, même quand Cyril leur eut soigneusement expliqué, sur le conseil de l'ami plus âgé, que cette étrange réunion physique ne se renouvellerait pas ; que cependant Lancelot serait du matin au soir auprès de Walter, mais invisible pour lui, et que chaque nuit Walter s'échapperait de son corps physique et serait de nouveau en pleine conscience avec son frère.

En recevant cette assurance, le pauvre Walter, épuisé, s'endormit immédiatement et en prouva l'exactitude. Son étonnement fut extrême de voir avec quelle rapidité, inconnue jusqu'ici, il pouvait avec son frère voler d'un point à un autre des lieux qui leur étaient si familiers. Cyril eut soin de le prévenir que le lendemain au réveil il oublierait sans doute, en grande partie, cette existence plus libre, mais, par un bonheur exceptionnel, Walter n'oublia pas, comme le font beaucoup d'entre nous. Peut-être le saisissement de sa grande joie avait-il déterminé un certain réveil des facultés psychiques latentes qui caractérisent la race celtique ? En tout cas, il n'oublia aucun détail de ce qui s'était passé et, le lendemain matin, il surprit la maison en deuil par un récit merveilleux mais peu en rapport avec l'état des esprits.

Ses parents crurent que le chagrin lui avait tourné la tête et, comme il est maintenant l'héritier, épièrent longtemps avec anxiété d'autres symptômes d'aliénation qui, heureusement, ne se présentèrent pas. Ils le croient encore atteint de monomanie, tout en reconnaissant pleinement que son « aberration » l'a sauvé. Cependant sa vieille bonne – elle est catholique – croit fermement au récit de Walter et dit que le Seigneur Jésus qui a Lui-même été enfant, a eu pitié de cet autre enfant, le voyant ainsi couché et mourant de chagrin, et qu'il a envoyé un de ses anges pour ramener son frère auprès de lui, de l'autre monde, et récompenser un amour plus fort que la mort. La superstition populaire est parfois beaucoup plus près de la réalité que le scepticisme des gens bien élevés !

Le récit ne s'arrête pas là, car le bon travail dont cette nuit avait vu le commencement continue toujours, et nul ne saurait assigner de limites aux conséquences de l'acte en question. La conscience astrale de Walter, après ce dernier réveil complet, conserve son activité ; chaque matin l'enfant apporte à son cerveau physique le souvenir de ses aventures nocturnes avec son frère ; chaque nuit tous deux rencontrent leur bon ami Cyril, dont ils ont appris tant de choses sur le nouveau et merveilleux monde qui s'est ouvert devant eux et sur les autres mondes à venir, supérieurs encore à celui-là. Dirigés par Cyril, l'enfant vivant et l'enfant mort sont devenus, l'un et l'autre, des membres zélés et sérieux de la troupe des aides et il est probable que, pendant de longues années, tant que le jeune et vigoureux corps astral de Lancelot ne se sera pas désintégré, bien des enfants mourants devront de la reconnaissance à ce trio qui s'efforce de faire partager à d'autres un peu de la joie qu'il a reçue lui-même.

Et ce n'est pas aux morts seuls que ces nouveaux convertis ont rendu service ; ils ont cherché et trouvé d'autres enfants vivants, possédant pendant leur sommeil la conscience astrale. L'un de ces enfants, tout au moins, amenés par eux à Cyril, s'est déjà montré une précieuse petite recrue pour la jeune troupe et en même temps ici-bas, un excellent petit ami sur le plan physique.

Les personnes pour qui toutes ces idées sont nouvelles ont parfois beaucoup de peine à comprendre comment des enfants peuvent rendre des services sur le plan astral. Etant donné, objectent-elles, que le corps astral d'un enfant doit être non développé et que l'ego doit par là se trouver limité par l'état d'enfance, sur le plan astral comme sur le plan physique, comment un ego semblable pourrait-il rendre des services ou seconder l'évolution spirituelle, mentale et morale de l'humanité, tâche principale, nous a-t-on dit, des aides ?

La première fois qu'une semblable question fut posée, peu après la publication, dans notre revue, d'un de ces récits, je l'envoyai à Cyril lui-même, désirant savoir ce qu'il en penserait. Sa réponse fut la suivante :

« Il est très vrai, comme le dit l'auteur de la question, que je ne suis qu'un enfant, que je sais encore très peu de choses et que je rendrai beaucoup plus de services quand j'en saurai davantage. Pourtant, dès aujourd'hui, il m'est possible de travailler un peu, parce qu'il y a tant de gens qui n'ont encore rien appris de la Théosophie, tout en étant beaucoup plus instruits que moi sur tout le reste. Vous comprenez... Quand vous voulez vous rendre à un endroit déterminé, un petit garçon qui connaît le chemin vous sera plus utile que cent savants qui l'ignorent. »

Nous pouvons ajouter que, même pour un enfant, le réveil sur le plan astral amènerait un développement si rapide du corps astral qu'il deviendrait bientôt, sur ce plan, l'égal de l'adulte réveillé, tout en étant beaucoup plus capable naturellement de rendre des services que l'homme le plus savant, encore astralement endormi. Mais à moins que l'ego qui s'exprime par ce corps-enfant ne possède les qualifications d'un caractère à la fois décidé et aimant, clairement manifestées déjà dans ses vies passées, aucun occultiste ne prendrait la très sérieuse responsabilité de le réveiller sur le plan astral. Quand le karma, des enfants est tel qu'il leur est possible d'être ainsi réveillés, ils se montrent souvent les aides les plus utiles et se consacrent à leur travail avec un coeur et un dévouement admirables. Et c'est ainsi que se trouve, de nouveau, réalisée l'ancienne prophétie :

« Un petit enfant les conduira. »

Une autre question se présente à l'esprit en lisant l'histoire de ces deux frères. Cyril ayant pu se matérialiser lui-même, à force d'amour, de pitié et de volonté, n'est-il pas étrange que Lancelot, qui essayait depuis bien plus longtemps de communiquer avec Walter, n'ait pas réussi à faire de même ?

Il est certes facile de comprendre pourquoi le pauvre Lancelot n'a pu communiquer avec son frère ; cette impuissance est tout simplement normale. Le fait que Cyril ait pu se matérialiser lui-même est extraordinaire ; celui que Lancelot en ait été incapable ne l'est *pas*. Cyril, d'ailleurs, éprouvait sans doute des sentiments plus profonds ; puis il savait exactement ce qu'il voulait faire, connaissant la possibilité de se matérialiser et sachant à peu près comment on y parvient. Lancelot, au contraire, qui sait tout cela maintenant, l'ignorait alors.

CHAPITRE XI

NAUFRAGES ET CATASTROPHES

Il est quelquefois possible aux membres de la troupe des aides de prévenir des catastrophes imminentes et d'une certaine importance. Plus d'une fois, quand le capitaine d'un navire s'était, sans s'en douter, considérablement écarté de sa route et courait de grands dangers, il a été possible d'empêcher son naufrage, en lui suggérant mentalement et avec insistance que quelque chose allait mal. Cet avis se présente généralement à la conscience cérébrale du capitaine comme une simple intuition vaguement prémonitoire, mais s'il l'éprouve avec persistance il est à peu près certain d'en tenir compte et de prendre les mesures de précaution qui lui viennent à l'esprit.

Il est arrivé, par exemple, que le capitaine d'un petit bâtiment marchand, se trouvant beaucoup plus près de terre qu'il ne supposait et sollicité à plusieurs reprises de jeter la sonde, commença par résister à cette idée qui lui semblait inutile et absurde, mais finit en hésitant par en donner l'ordre. Stupéfait du résultat de ce sondage, il changea immédiatement de route et s'éloigna de la côte. Au matin seulement il comprit combien il avait été près d'un effroyable désastre.

Mais souvent aussi une catastrophe présente un caractère karmique et, par conséquent, ne peut être empêchée. Il ne faudrait pas supposer pour cela que, dans des cas semblables, l'assistance ne puisse pas s'exercer. En admettant que les personnes en danger soient destinées à mourir et ne puissent, pour cette raison, être sauvées, elles peuvent du moins dans bien des cas être préparées à leur sort et certainement aidées ensuite au delà de la mort. Nous irons même jusqu'à dire que, dans toutes les grandes catastrophes, des aides sont toujours et spécialement envoyés sur les lieux.

C'est ce qui s'est produit il y a quelques années dans deux circonstances : le naufrage du *Drummond* Castle, à hauteur de l'île d'Ouessant, et le terrible cyclone qui a dévasté la ville de Saint-Louis, en Amérique. Dans l'un et l'autre cas, les victimes furent prévenues quelques minutes avant le sinistre, et les aides firent de leur mieux pour calmer et relever les esprits, afin que le malheur, en fondant sur elles, les jetât dans un trouble moins grand. Mais naturellement le travail accompli parmi les victimes de ces deux catastrophes l'a été principalement sur le plan astral, quand elles eurent quitté leurs corps physiques ; nous en parlerons plus loin.

Il est triste de constater combien souvent, dans les moments qui précèdent un sinistre, les aides voient leur tâche de charité entravée par la panique folle régnant parmi les personnes en danger, quelquefois par pis encore, l'ivresse sauvage des hommes qu'ils s'efforcent de secourir. Bien des navires ont sombré, presque tous à bord étant plongés dans une ivresse furieuse et par conséquent incapables de profiter aussi bien avant la mort que très longtemps après de l'aide qui leur était offerte.

S'il arrivait jamais à l'un de nous de se trouver menacé par un danger imminent et impossible à éviter, il devrait essayer de se rappeler que le secours est certainement proche et qu'il dépend entièrement de lui-même de rendre la tâche des aides facile ou difficile. Si nous envisageons le danger calmement et bravement, reconnaissant qu'il ne peut affecter en rien le véritable ego, nous serons mentalement à même de profiter de la direction que les aides essaient de nous donner; nous ne saurions guère en recevoir de plus sûre, que son objet soit de nous sauver de la mort ou, en cas d'impossibilité, de nous la faire traverser sous leur garde.

Ce dernier genre d'assistance a été assez souvent donnée, dans des cas d'accidents, à des personnes isolées, comme dans des catastrophes plus générales. Un exemple suffira pour nous expliquer.

Il arriva pendant une des grandes tempêtes qui ont causé tant de désastres sur nos côtes, il y a quelques années, qu'un bateau de pêche chavira en pleine mer. L'équipage ne comptait qu'un vieux pêcheur et un mousse. Le premier parvint à se cramponner pendant quelques minutes au bateau renversé. Il n'y avait aucun secours matériel à espérer et, s'il y en avait eu, rien n'aurait pu être tenté dans une tempête aussi furieuse. Le pêcheur savait donc qu'il n'y avait pas d'espoir et que la mort ne pouvait être pour lui qu'une question de minutes. Il éprouvait à cette pensée une grande terreur, étant particulièrement impressionné par la solitude saisissante de cette immense étendue d'eau déserte. Et puis il pensait avec angoisse à sa femme, à ses enfants et à la situation difficile où les mettrait sa disparition subite. Une aide qui passait, voyant sa situation, essaya de lui donner courage, mais, constatant qu'il avait l'esprit trop agité pour se prêter à aucune suggestion, elle jugea bon de se montrer pour rendre son assistance plus effective. En racontant ensuite l'incident, elle dit que la manière dont se transforma le visage du pêcheur, en l'apercevant, fut merveilleuse. Voyant au-dessus de lui cet être lumineux, debout sur la barque, il crut naturellement qu'un ange lui avait été envoyé pour lui donner courage dans sa détresse et sentit que non seulement il serait porté et gardé en passant les portes de la mort, mais encore que les siens seraient certainement secourus. Aussi, quand survint la fin, quelques instants plus tard, il se trouvait dans un état d'esprit très différent de la terreur et des perplexités qui l'accablaient auparavant et tout naturellement quand, reprenant ses sens sur le plan astral, il y retrouva « l'ange », il se sentit en confiance et prêt à accepter ses conseils dans l'existence nouvelle qui s'ouvrait pour lui.

Un peu plus tard, cette même aide eut à s'acquitter d'une tâche analogue. Voici le récit qu'elle en a fait depuis :

« Vous vous souvenez de ce paquebot qui a péri dans le cyclone de la fin novembre dernier. Je me rendis dans la cabine où avaient été enfermées une

douzaine de femmes et les trouvai se lamentant de
la façon la plus déchirante, sanglotant et gémissant de terreur. Le navire devait sombrer. Aucun
secours n'était possible, et quitter ce monde dans
cet état frénétique était la pire manière de faire son
entrée dans l'autre. Pour les calmer je me matérialisai donc et naturellement les pauvres créatures me
prirent pour un ange. Tous tombèrent à genoux et
me supplièrent de les sauver. Une pauvre mère mit
son bébé dans mes bras, m'implorant de sauver au
moins celui-là. Nous nous mîmes à causer. Bientôt
elles furent calmes et tranquilles ; le tout petit s'endormit en souriant ; les femmes ne tardèrent pas à
s'assoupir, elles aussi, et je remplis leur esprit des
pensées du monde céleste ; elles ne se réveillèrent
donc pas au dernier moment quand le navire s'enfonça. Je restai avec elles, pour m'assurer qu'elles
traverseraient en dormant l'instant suprême. Elles
passèrent en effet, sans faire un mouvement, du
sommeil à la mort. »

Voilà de nouveau un cas où les personnes assistées avaient évidemment eu et l'immense avantage
de pouvoir recevoir la mort d'une manière calme
et raisonnable, et celui, plus important encore
d'être reçues sur l'autre rive par une amie qu'elles
étaient déjà disposées à aimer avec confiance, une

amie connaissant parfaitement le monde nouveau
où elles se trouvaient maintenant et à même, non
seulement de les rassurer sur leur sort, mais encore de leur donner des conseils sur la manière de
régler leur existence dans cette nouvelle situation
si différente de la précédente. Ceci nous amène à
considérer un des côtés les plus vastes et les plus
importants du travail des aides invisibles : la direction et l'aide qu'ils peuvent donner aux morts.

CHAPITRE XII

LE TRAVAIL PARMI LES MORTS

Les enseignements absurdement erronés, habituels par malheur dans notre monde occidental, concernant les conditions de l'existence après la mort, ont bien des conséquences déplorables : entre autres, l'embarras et souvent la frayeur très vive éprouvés par les personnes récemment délivrées de cette enveloppe périssable, en découvrant que tout est si différent de ce que leur religion leur avait fait prévoir.

Tout dernièrement, l'attitude mentale d'un grand nombre de ces personnes a été assez bien résumée par un général anglais, en rencontrant, trois jours après sa mort, un membre de la troupe des aides qu'il avait connu dans la vie physique. Après avoir exprimé tout son soulagement de trouver enfin un être avec lequel il pût communiquer, ses premiers mots furent : « Mais si je suis mort, où suis-je ? Car enfin – si c'est ici le ciel, j'en ai une piètre opinion, et si c'est l'enfer, c'est mieux que je ne m'y attendais ! »

Par malheur, la grande majorité des personnes prennent les choses avec. moins de philosophie. Elles ont reçu pour enseignement que tous les hommes sont destinés aux flammes éternelles, sauf une élite favorisée, grâce à ses vertus surhumaines. Or, comme un examen de conscience des plus sommaires suffit pour les convaincre qu'elles n'appartiennent *pas* à cette catégorie, elles se trouvent trop souvent dans un état de terreur panique, dans l'épouvante de voir d'un moment à l'autre le monde nouveau où elles se trouvent se dissoudre, pour les laisser tomber entre les griffes d'un démon dont on s'est évertué à leur enseigner l'existence. Très souvent elles passent par des souffrances mentales aiguës et prolongées, avant d'arriver à secouer l'influence néfaste de cette doctrine blasphématoire des peines éternelles, avant d'arriver à comprendre que le monde n'est pas gouverné par les caprices d'un hideux démon qui se délecte dans les angoisses humaines, mais par une loi évolutive bienveillante et merveilleusement patiente qui, tout en étant d'une équité parfaite, offre sans cesse à l'homme à chacune des étapes de sa carrière, des occasions de progrès dont il est libre de profiter. Il est juste de reconnaître que c'est seulement dans les communions dites protestantes que ce terrible mal sévit sous sa forme la plus grave. La grande Eglise catholique romaine, avec sa doctrine du purgatoire, se rapproche beaucoup plus d'une conception exacte du plan astral, et ses membres pratiquants, tout au moins, savent que l'état où ils se trouvent, immédiatement après la mort, est purement transitoire et qu'il ne tient qu'à eux d'en sortir rapidement par d'ardentes aspirations spirituelles. En même temps ils reconnaissent la nécessité de toutes les souffrances qu'ils peuvent avoir à subir pour effacer leurs imperfections morales, avant que leur passage à des régions plus hautes et plus lumineuses ne soit possible.

On voit donc que les aides ont beaucoup à faire parmi les hommes récemment décédés, car presque toujours ils ont besoin d'être calmés et rassurés, réconfortés et instruits. Dans le monde astral, tout comme dans le monde physique, beaucoup de gens sont peu disposés à accepter les conseils de ceux qui en savent plus qu'eux. Pourtant l'étrangeté même de leur nouveau milieu porte souvent les personnes décédées à accepter la direction de celles

qu'elles y voient à leur aise, et plus d'un homme a
vu son séjour sur ce plan considérablement réduit,
grâce aux efforts de cette troupe d'aides sérieux et
énergiques.

Bien entendu, le karma d'un mort ne se prête à
aucune intervention. L'homme s'est constitué, de
son vivant, un corps astral d'une certaine densité
et, tant que ce corps n'est pas suffisamment dis-
sous, il ne saurait passer au delà dans le monde
céleste; d'autre part, il peut ne pas prolonger le
temps nécessaire à cette dissolution par une attitude déplacée.

Tout étudiant devrait clairement saisir cette vérité : que la durée de la vie astrale, après l'abandon
du corps physique, dépend de deux facteurs principaux – la nature de sa vie physique passée et son
état d'esprit après ce que nous appelons la mort.
Pendant sa vie terrestre, l'homme agit constamment sur la, matière entrant dans la,composition
de son corps astral ; il l'affecte indirectement, d'en
haut par son genre de vie physique, par sa conti-
nence ou sa débauche, sa propreté ou sa saleté, sa
nourriture et sa boisson. Si, persistant à cet égard
dans sa perversité, il a la folie de se constituer un
véhicule astral épais et grossier, uniquement habitué à répondre aux vibrations inférieures du plan

astral, il s'y trouvera retenu, après la mort, pendant
la longue et lente désintégration de ce corps. Par
contre, si, en menant un genre de vie convenable
et réglé, il se constitue un véhicule où domine une
matière plus fine, il aura beaucoup moins d'ennuis
et de troubles posthumes, et verra son évolution
marcher beaucoup plus vite et plus facilement.

Ce qui précède, on le comprend généralement;
mais l'autre grand facteur, l'attitude mentale après
la mort, paraît souvent oublié. L'important pour
l'homme est de comprendre sa position sur ce petit arc particulier de la courbe évolutive; de savoir
que durant cette période il se retire d'une manière
continue vers le plan intérieur propre au véritable ego et que, par conséquent, il lui appartient de
dégager autant que possible sa pensée des objets
physiques, pour fixer de plus en plus son attention
sur ces questions spirituelles qui l'occuperont pendant sa vie dans le monde céleste. Par là, il facili-
tera beaucoup la désintégration naturelle du corps
astral et évitera la faute, tristement fréquente, de
s'attarder sans nécessité sur les niveaux inférieurs
de ce qui devrait être pour lui un séjour des plus
passagers.

Or beaucoup de personnes décédées retardent
très considérablement la marche de la dissolution

en se cramponnant avec passion à la terre qu'elles viennent de quitter; elles refusent tout simplement d'élever leurs pensées et leurs désirs, et persistent à lutter de toutes leurs forces pour rester en contact direct avec le monde physique, rendant ainsi fort difficile la tâche de qui veut les aider. Les questions terrestres étant les seules qui aient jamais eu d'intérêt pour elles, elles s'y cramponnent, même après la mort, avec la ténacité du désespoir. Avec le temps, il leur devient naturellement de plus en plus difficile de rester en contact avec les choses d'ici-bas; mais, au lieu de voir arriver avec joie et d'encourager ce processus d'affinement et de spiritualisation graduels, elles lui résistent avec énergie et par tous les moyens possibles.

Bien entendu, la force puissante de l'évolution finit par avoir raison d'elles et les emporte dans son courant bienfaisant; elles n'en luttent pas moins à chaque pas avec le résultat, non seulement de s'attirer des souffrances et des chagrins prolongés et complètement inutiles, mais encore de retarder très sérieusement leur marche ascendante et de prolonger leur séjour dans les régions astrales pendant un temps presque indéfini. Les convaincre que cette opposition, ignorante et désastreuse, à la volonté cosmique est contraire aux lois naturelles,

les amener à prendre une attitude mentale absolument inverse, telle est en grande partie la tâche de
ceux qui s'efforcent de les aider.

Les aides peuvent faire beaucoup plus encore
pour les personnes ayant étudié ces questions et
appris, de leur vivant, à maîtriser la nature inférieure. Comme l'indique mon petit ouvrage inti-
tulé le *Plan astral*, la matière du corps astral est
toujours remaniée, de suite après la mort, et dis-
posée par « coques » concentriques. Ce remaniement est dû à l'action de « l'élémental du désir » ;
c'est lui qui enferme, pendant un certain temps,
la conscience dans le sous plan le plus bas. Or, le
défunt n'est aucunement obligé de se prêter sans
résistance à ce remaniement ; s'il peut, sur la terre,
dompter la houle des désirs par un puissant effort
de volonté, il est de même, après la mort, maître
de son propre véhicule ; il n'a pour cela qu'à mettre
sa force en action. Il peut s'opposer absolument à
ce que le remaniement suive son cours et, par un
effort de volonté, rendre à son corps astral sa sou-
plesse première. Il peut enfin parvenir à le maintenir exactement dans le même état que pendant
la vie terrestre – au prix, il est vrai, d'une lutte pro-
longée avec l'élémental, en tout point semblable à
la lutte soutenue pendant la vie physique, quand

l'homme entreprend la tâche de dominer un désir impérieux. Mais cet effort en vaut la peine car, devenu le maître, le défunt se trouve libre de circuler comme il l'entend sur le plan astral, conscient, non pas seulement sur un sous-plan unique, mais sur tous simultanément, comme l'est un homme qui, de son vivant, passe en pleine conscience sur le plan astral. La vie astrale peut être ainsi très abrégée et rendue, en même temps, beaucoup plus heureuse et plus utile.

L'homme qui recouvre ainsi sa liberté se trouve immédiatement à même d'être d'un grand secours à ses semblables. Il peut, en effet, si son degré d'instruction le lui permet, se joindre à la troupe des aides et entreprendre, de concert avec eux, un travail régulier ; il rend par là de grands services à ses compagnons dans l'astral et s'attire, en même temps, pour l'avenir, beaucoup de bon karma.

Il peut arriver que le défunt soit retenu sur la terre par des préoccupations ayant parfois pour cause des devoirs laissés négligés ou des dettes impayées, mais plus souvent l'existence d'une femme, ou d'enfants laissés sans ressources. Dans des cas semblables, il a fallu plus d'une fois, pour amener le défunt à continuer paisiblement sa marche ascendante, que l'aide agît dans une certaine mesure comme son représentant sur le plan physique et s'occupât pour lui de régler l'affaire qui le préoccupait.

Un élève essayait d'assister un pauvre mort dans une de nos villes de l'Ouest, qui ne pouvait détourner ses pensées du monde terrestre, à cause de ses inquiétudes au sujet de deux jeunes enfants que sa mort laissait sans moyens d'existence. Cet homme, un ouvrier, n'avait rien pu mettre de côté pour eux ; sa femme était morte deux ans plus tôt, et sa propriétaire, une très brave personne, prête à faire son possible pour eux, était elle-même beaucoup trop pauvre pour pouvoir les adopter ; très à contre-coeur, elle vit arriver le moment où il faudrait les remettre entre les mains des autorités paroissiales. Pour le père décédé, c'était là un grand chagrin ; il ne pouvait pourtant ni blâmer la propriétaire, ni lui suggérer une autre manière d'agir.

Notre ami lui demanda s'il n'avait aucun parent auquel il pût confier les enfants ; mais le père n'en connaissait pas. « J'ai bien, dit-il, un frère qui aurait certainement fait quelque chose pour moi, dans ma détresse, mais je l'ai perdu de vue depuis quinze ans et ne sais s'il est vivant ou mort. La dernière fois que j'en ai entendu parler il était dans le Nord, apprenti charpentier, et l'on disait de lui que c'était un garçon sérieux qui, s'il vivait, ferait certainement son chemin. »

Les indices étaient assurément des plus vagues, mais il ne semblait pas que le secours pût venir d'ailleurs aux enfants, et notre ami jugea qu'il valait la peine de faire un effort spécial pour suivre cette piste. Accompagné par le défunt, il se mit patiemment à chercher le frère dans la ville désignée et parvint, non sans peine, à le découvrir. Cet homme était maintenant maître charpentier et faisait bien ses affaires ; marié mais sans enfants, il désirait ardemment en avoir et, pour cette raison, semblait remplir exactement les conditions voulues.

Il s'agit alors de savoir comment on lui ferait parvenir le message du défunt. Par bonheur, le charpentier se montra suffisamment impressionnable pour qu'il fût possible de lui présenter clairement, en rêve, la mort de son frère et la détresse de ses enfants. Ceci se répéta trois fois, le nom même de la propriétaire lui étant nettement désigné. Profondément impressionné par cette vision persistante, il en causa sérieusement avec sa femme, qui lui conseilla d'écrire à l'adresse donnée. L'idée ne lui plut pas ; par contre, il eut grande envie, de se rendre dans l'Ouest, de s'assurer s'il existait une maison semblable à celle qu'il avait vue et, dans ce cas, de s'y présenter sous un prétexte quelconque. Cependant étant très occupé, il finit par décider qu'il n'avait pas les moyens de perdre une journée de travail, pour des idées pouvant n'être, après tout, que le résultat d'un songe et rien de plus. Les efforts ayant apparemment échoué sur ce point, on résolut d'essayer d'un autre moyen. L'un des aides écrivit au charpentier, lui racontant en détail la mort de son frère et la situation des enfants, exactement comme les circonstances lui avaient été présentées en rêve. En recevant cette confirmation, l'homme n'hésita plus, mais, dès le lendemain, partit pour la ville en question où la charitable propriétaire le reçut à bras ouverts. Les aides n'avaient pas eu de peine à persuader à la brave femme de garder les enfants pendant quelques jours, dans le cas où un secours se présenterait pour eux et, depuis lors, elle n'a cessé de se féliciter de sa décision. Le charpentier, bien entendu, emmena les enfants, leur donna un home où ils furent heureux, et le père décédé, délivré de son anxiété, reprit joyeux la voie ascendante.

Certains auteurs théosophes ayant cru devoir insister avec énergie sur les inconvénients des séances de spiritisme, il n'est que juste de reconnaître que, plusieurs fois, de bons résultats comme

ceux obtenus dans le cas précédent ont été obtenus par l'intermédiaire d'un médium ou d'un des
assistants. Si donc la pratique du spiritisme a trop
souvent retardé des âmes qui sans lui eussent été
rapidement libérées, il faut lui rendre cette justice
qu'il a donné à d'autres la possibilité de se dégager, leur ouvrant par là le chemin du progrès. Dans
certains cas, le défunt a pu apparaître de lui-même
à ses parents ou à ses amis et leur exprimer ses désirs, mais ces cas sont rares, et la plupart des âmes
retenues sur la terre par des préoccupations dont
nous avons parlé, ne voient leurs voeux réalisés que
par l'intervention d'un médium ou d'un aide agis-
sant consciemment.

Un autre cas se présente très souvent sur le plan
astral : celui de l'homme se refusant à croire à son
propre décès. Généralement le défunt considère le
fait qu'il est encore conscient comme une preuve
absolue qu'il n'a pas franchi les portes de la mort.
Voilà qui déprécie singulièrement, quand on y pen-
se, la valeur pratique de notre fameuse croyance en
l'immortalité de l'âme ! Quelle que soit l'étiquette
qu'ils aient portée de leur vivant, la grande majorité des hommes qui meurent – dans ce pays tout
au moins – montrent, par leur attitude subséquen-
te, qu'à tous les points de vue possibles, ils étaient

au fond matérialistes, et ceux qui sur la terre ont honnêtement pris ce nom ne sont souvent pas plus difficiles à convaincre que d'autres, que le mot seul eût scandalises.

En voici un exemple tout récent. Un savant, se voyant pleinement conscient et en même temps soumis à des conditions différant radicalement de ses expériences passées, s'était persuadé qu'il était encore vivant et simplement victime d'un rêve prolongé et désagréable. Heureusement pour lui il se trouva, dans le groupe des aides capables d'agir sur le plan astral, le fils d'un de ses vieux amis. Ce jeune homme avait été chargé par son père de retrouver le savant décédé et de chercher à lui être utile. Etant parvenu, non sans peine, à découvrir et à aborder le défunt, celui-ci lui avoua franchement qu'il se trouvait singulièrement dépaysé et troublé, mais se cramponna désespérément à l'hypothèse d'un songe, comme à l'explication la plus plausible de tout ce qu'il voyait. Il alla jusqu'à suggérer que son visiteur n'était lui-même qu'un personnage de rêve !

Finalement le savant céda jusqu'à proposer une sorte d'expérience et dit au jeune homme : « Si vous êtes, comme vous me l'affirmez, un homme vivant ou le fils de mon vieil ami, communiquez-moi de sa part un message me prouvant votre réalité objective. » Dans toutes les conditions ordinaires du plan physique, il est sévèrement interdit aux élèves des Maîtres de jamais donner aucune preuve d'un caractère phénoménal, mais un cas semblable paraissait échapper à la règle ordinaire. Aussi, les autorités supérieures consultées n'ayant pas fait d'objection, soumit-on le désir du savant au père qui répondit immédiatement par un message, mentionnant un certain nombre d'événements antérieurs à la naissance de son fils. Ceci convainquit le défunt de l'existence réelle de son jeune ami et, par suite, de celle du plan où ils se trouvaient ensemble. Ce point bien établi, les habitudes scientifiques reprirent le dessus, et le savant se montra extrêmement impatient d'obtenir sur cette région nouvelle tous les renseignements possibles.

Bien entendu, ce message si facilement accepté comme une preuve n'en était pas une, au fond, car les faits cités auraient pu être trouvés dans sa propre pensée ou dans les « registres » akasiques par tout être doué des sens astrals. Mais ces possibilités, le savant les ignorait ; il fut donc possible de faire naître en lui cette impression décisive. L'instruction théosophique que lui donne chaque nuit son jeune ami influera sans doute prodigieusement sur son avenir, car elle modifiera forcément, et l'existence céleste qui l'attend, et sa prochaine incarnation terrestre.

La principale tâche de nos aides, parmi les personnes récemment décédées, est donc de les calmer et de leur rendre courage ; de les délivrer, quand ils le peuvent, de la frayeur à la fois terrible et irraisonnée qui s'empare trop souvent d'elles et qui, non seulement leur cause des souffrances inutiles, mais encore retarde leur passage à des mondes supérieurs ; enfin de les mettre à même de comprendre, dans la mesure du possible, l'avenir qui s'ouvre devant elles.

D'autres personnes, séjournant depuis longtemps sur le plan astral, peuvent également, si elles consentent à les recevoir, trouver dans les explications et les conseils un secours efficace. Elles peuvent par exemple être prévenues que les tentatives de communication avec les vivants, faites au moyen d'un médium, soit une source de dangers et de retards. Une âme déjà attirée vers un cercle spirite pourra (mais rarement) être ramenée ainsi à une vie plus élevée et plus saine. L'enseignement donné sur ce plan n'est pas perdu ; loin de là ; car, si le souvenir n'en est pas, naturellement, transmis à l'incarnation suivante, la véritable connaissance

interne persiste toujours et avec elle une forte pré-
disposition à accepter l'enseignement d'emblée,
quand il se présentera de nouveau à l'âme dans une
vie nouvelle.

Comme exemple assez remarquable d'assistance donnée aux morts, je citerai les débuts d'une
recrue – des plus jeunes – tout récemment incor-
porée dans la troupe des aides. Ce jeune aspirant
avait, peu de temps auparavant, perdu une parente
âgée qu'il affectionnait tout particulièrement, et
sa première demande fut d'aller la trouver, sous la
conduite d'un ami plus expérimenté, dans l'espoir
de lui être utile. Le projet fut mis à exécution. La
rencontre entre l'enfant vivant et la défunte fut très
belle et très touchante. La personne âgée approchait déjà du terme de sa vie astrale, mais un certain état d'apathie, d'engourdissement et d'incertitude l'empêchait de faire des progrès rapides.

Or – quand le jeune garçon, qui avait occupé
une si grande place dans ses affections, pendant
sa vie, se trouva de nouveau devant elle, dissipant
par les rayons de son amour le brouillard d'acca-
blement qui s'était amassé autour de sa personne
– elle sortit de sa stupeur. Bientôt elle comprit que
l'enfant était venu pour lui expliquer sa situation et
lui parler de la splendeur de la vie supérieure, vers

laquelle devaient désormais tendre ses pensées et ses aspirations. Mais, dès qu'elle eut bien saisi tout cela, il y eut en elle un tel réveil de sentiments endormis, un tel débordement d'affection profonde envers son jeune ami, que les derniers liens qui la retenaient encore à la vie astrale se brisèrent et qu'à elle seule cette explosion d'amour et de reconnaissance l'entraîna du même coup jusqu'à la conscience supérieure du monde céleste. En vérité l'amour pur et sans mélange d'éléments égoïstes est, de toutes les puissances de l'univers, la plus grande et la plus efficace.

Le fait suivant est encore un bon exemple d'assistance posthume ayant eu pour conséquence, comme dans le cas précédent, de hâter le passage à travers le plan astral vers le plan mental.

Un homme, frappé de toutes sortes de malheurs, était tombé dans un état de démoralisation tel, qu'il risquait un accès de fièvre chaude. En bonne santé et dans son état normal, c'était un excellent garçon, mais il en était arrivé à un degré d'ébranlement nerveux pitoyable. Dans ces dispositions, il traversa un champ où soixante ans auparavant un mauvais sujet s'était suicidé. L'élémental, attiré par son état de dépression morbide, s'attacha, à lui et se mit à lui inspirer des idées de suicide.

Ce mauvais sujet avait dissipé une fortune au jeu et dans la débauche et, rendant les hommes responsables de ses fautes, il avait mis fin à ses jours, en jurant de venger sur autrui ses griefs imaginaires. Depuis lors, il avait tenu parole et poussé au suicide d'autres personnes dont l'état moral les rendait accessibles à son influence. Notre pauvre ami devint sa victime. Après quelques jours passés à lutter contre les suggestions diaboliques, ses nerfs exaspérés cédèrent et il se tua d'un coup de pistolet dans le même champ où avait eu lieu le premier suicide. De l'autre côté il se trouva, bien entendu, dans la région la plus basse du Kamaloka, dans ce milieu pénible dont la littérature théosophique nous donne des descriptions si détaillées ; il s'y attarda, très triste et très malheureux, accablé de remords, en butte aux sarcasmes et aux provocations de son tentateur, jusqu'au jour où il put enfin commencer à se dégager de cette déplorable situation. Cette lutte durait depuis huit ans, quand le plus jeune des deux compagnons de travail dont nous avons déjà parlé plusieurs fois dans ce petit livre découvrit le malheureux et, étant encore peu habitué à de pareils spectacles, se laissa bouleverser par la compassion et la sympathie au point d'être rejeté précipitamment dans son corps physique et de se réveiller en sanglotant amèrement. Le plus âgé des deux aides se trouvait à ses côtés et voyait sa douleur; il le consola d'abord, puis lui démontra qu'une sympathie comme la sienne ne pouvait rendre aucun service; enfin tous deux repartirent et se rendirent auprès de leur malheureux ami; ils lui expliquèrent sa situation et lui rendirent courage en lui affirmant que s'il était captif et ne pouvait sortir de là, sa propre imagination en était seule responsable. Peu de jours après ils eurent le bonheur de le voir quitter cette région abjecte; ses progrès furent immédiats et rapides, et bientôt il passa sur le plan mental.

CHAPITRE XIII

AUTRES MISSIONS

Mais laissons le travail, d'une suprême importance, qui se fait parmi les morts, pour examiner le travail consacré aux vivants et disons quelques mots, dans cet ordre d'idées, d'un champ d'action considérable que nous ne saurions omettre de citer sans laisser fort incomplet un exposé des missions incombant à nos aides invisibles ; je veux parler des résultats immenses obtenus par la suggestion, par la simple inspiration mentale de bonnes pensées à des personnes aptes à les recevoir.

Qu'on ne se méprenne pas sur ce que nous entendons par ces mots. Il serait extrêmement facile pour un aide, facile à un point inimaginable pour qui ne possède pas sur ce sujet de notions pratiques, de dominer l'esprit d'une personne ordinaire

et de diriger à volonté sa pensée, et cela sans que
le sujet puisse soupçonner en rien une influence
extérieure. Mais, si les résultats peuvent être admirables, le procédé est absolument inadmissible.
On doit se borner à faire passer une bonne pensée
dans l'esprit de la personne, comme des centaines
d'autres pensées semblables y passent constamment. A l'homme seul de décider s'il accueillera la
pensée, s'il l'assimilera, s'il y conformera sa conduite. Il va sans dire qu'autrement tout le bon karma
reviendrait exclusivement à l'aide. Le sujet eût été
un simple instrument, au lieu d'agir avec initiative ;
ce qui n'est pas le résultat cherché.

Ce genre d'assistance est extrêmement varié
dans ses applications. Consoler les personnes qui
souffrent ou qui pleurent, s'efforcer de guider vers
la vérité celles qui la cherchent sincèrement, voilà
des exemples qui viennent d'eux-mêmes à l'esprit.
Un homme apporte-t-il à l'étude d'un problème
spirituel ou métaphysique une application soutenue et anxieuse, il est souvent possible de lui présenter mentalement la solution sans qu'il se doute
en rien qu'elle lui vient du dehors.

Une autre application, extrêmement importante, de ce même mode de suggestion mérite une
mention spéciale ; elle incombe aux aides les plus

avancés et montre, une fois de plus, que toutes les
capacités et toutes les vertus acquises sur la terre
sont utiles aux aides et peuvent être appliquées au
bien de l'humanité. Si le commun des hommes
peut être assisté par la suggestion mentale dans des
moments de préoccupations individuelles et recevoir des conseils et une direction dont ne profitent
directement qu'un cercle restreint de personnes
intéressées, une suggestion semblable peut être
employée vis-à-vis de personnes responsables dans
les mondes politique et religieux. Il est possible,
par ce moyen, d'inspirer certaines idées aux rois et
aux chefs d'Etat, aux régents, aux ministres, aux
directeurs d'administrations civiles et ecclésiasti-
ques. Ces idées sont-elles retenues et mises en action, toute la nation s'en trouve bien. Nous irons
jusqu'à dire que certains aides – toujours, bien entendu, sous la direction des grands et sages gui-
des de l'humanité, invisibles pour le monde extérieur, mais visibles pour les aides – sont en relation
continuelle, comme je viens de l'indiquer, avec les
hommes dont le jugement pèse d'un si grand poids
dans la destinée de tant d'êtres humains. Ici encore
nous voyons avec quel amour vigilant le protecteur
spirituel de notre race intervient sans cesse pour
son bien, sans cesse lui présente des occasions de

progresser et de se joindre au fleuve immense de l'évolution, dans sa marche à travers les mondes.

Encore une fois, il ne faut jamais craindre qu'une belle et noble qualité, acquise sur cette terre, reste sans emploi dans cette tâche glorieuse ou qu'elle ne puisse trouver son application dans un travail utile.

Un élève peut, souvent aussi, être employé comme l'agent de ce qu'il est difficile d'appeler autrement que l'exaucement des prières. Car si tout désir spirituel sincère, tel qu'il trouverait par exemple son expression dans la prière, est à lui seul une force déterminant automatiquement certains résultats, il n'en est pas moins vrai qu'un effort spirituel de ce genre fournit aux Puissances du Bien l'occasion d'exercer leur influence. Elles la saisissent sans tarder, et c'est souvent le privilège d'un aide de bonne volonté de devenir le canal emprunté par Leur énergie. Ce que je viens de dire de la prière peut se dire plus exactement encore de la méditation, quand il s'agit de personnes pour qui cet exercice plus profond est possible.

A côté de ces méthodes d'un caractère général, il en est de plus spéciales réservées à la minorité. Bien souvent des élèves présentant les aptitudes nécessaires ont reçu pour mission d'inspirer des pensées vraies et belles à des auteurs, des poètes, des artistes et des musiciens ; mais évidemment, tous les aides ne sont pas capables de jouer un rôle semblable.

Parfois, plus rarement, il est possible d'ouvrir les yeux d'une personne au danger que fait courir à son développement moral telle ligne de conduite, de délivrer de certaines influences mauvaises une personne ou une localité, de neutraliser les machinations de magiciens noirs. Il est rare que les grandes vérités de la nature puissent être enseignées directement en dehors du cercle des étudiants occultes, mais il est parfois possible dans cet ordre d'idées d'obtenir un certain résultat, en présentant à l'esprit des prédicateurs et des professeurs des échappées intellectuelles plus vastes, ou une manière de voir plus large que celle qu'ils eussent autrement adoptée.

Il va sans dire qu'en avançant dans le Sentier l'étudiant occulte voit s'ouvrir devant lui des possibilités plus grandes de se rendre utile. Au lieu d'assister simplement des personnes isolées, il apprend la manière de se consacrer aux classes, aux nations, aux races et se voit confier une part graduellement plus importante dans le travail plus élevé et plus vaste qui est celui des adeptes eux-mêmes. En ac-

quérant les facultés et les connaissances nécessaires, il commence à employer les forces plus grandes
de Akasa et de la lumière astrale, et apprend à tirer
tout le parti possible de chaque influence cycli-
que favorable. Il entre en relation avec ces grands
Nirmânakâyas que l'on a quelquefois symbolisés
sous le nom de Pierres de la Muraille protectri-
ce ; il devient – tout d'abord, naturellement, dans
la plus humble qualité – l'un des dispensateurs de
leurs aumônes et apprend la manière de distribuer
ces forces qui sont le fruit de leur renoncement
sublime. Il s'élève ainsi, de degré en degré, pour
atteindre finalement la condition d'Adepte. Il peut
alors largement partager la responsabilité qui repose sur les Maîtres de la Sagesse et aider d'autres
hommes à suivre le chemin qu'il a parcouru.

Sur le plan dévachanique le travail est un peu
différent, l'enseignement pouvant être à la fois
donné et reçu d'une manière bien plus directe, plus
rapide et plus complète. D'autre part les influences
mises en jeu sont infiniment plus puissantes, leur
action s'exerçant sur un plan plus élevé. Les détails sont maintenant inutiles. Si peu d'entre nous
sont encore capables d'être conscients sur ce plan
pendant leur vie physique ! Mais ici aussi, et même
plus haut, il y a beaucoup à faire dès que se mani-

feste la faculté d'accomplir la tâche. Pendant des âges sans nombre, il n'y aura certainement pas lieu de craindre que nous nous trouvions jamais dépourvus d'un champ d'action où puissent s'exercer notre désintéressement et notre dévouement.

CHAPITRE XIV

LES CONDITIONS REQUISES

Mais, demandera-t-on, comment se rendre capable de participer à cette grande tâche? – Les conditions à remplir par un homme aspirant à devenir un aide ne sont pas un mystère ; la difficulté ne consiste pas à apprendre ce qu'elles sont, mais bien à les développer en soi-même. Jusqu'à un certain point, elles ont été déjà incidemment décrites ; il est bon cependant qu'elles soient exposées d'une manière détaillée et catégorique :

1° La fixité de l'objectif.
La première condition est de se rendre compte de la grande tâche que les Maîtres veulent nous voir entreprendre et de trouver dans cette tâche l'unique, l'absorbant intérêt de notre vie. Il faut apprendre à distinguer, non seulement entre le tra-

vail utile et le travail inutile, mais encore entre les différents genres de travail utile. Par là chacun de nous pourra se vouer à la tâche la plus haute dont il est capable, au lieu de gaspiller son temps et ses efforts à poursuivre un objectif excellent, peut-être, pour un homme encore incapable de faire mieux, mais indigne des connaissances et des facultés que nous devrions posséder comme Théosophes. Pour être jugé susceptible d'emploi sur les plans supérieurs, il faut commencer par consacrer tous les efforts dont on est capable à travailler effectivement ici-bas pour la cause théosophique.

Bien entendu, je ne veux dire en aucune façon qu'il faille négliger les devoirs ordinaires de l'existence. Nous ferions bien, évidemment, de n'assumer en ce monde aucun devoir nouveau, mais ceux que portent déjà nos épaules sont devenus une obligation karmique ; nous n'avons pas le droit de les négliger. A moins de nous être acquittés intégralement des devoirs que nous a imposés le Karma, nous ne sommes pas libres pour des fonctions plus hautes. Pourtant, ces fonctions plus hautes doivent nous apparaître comme le seul objectif donnant quelque valeur : à l'existence, comme l'accompagnement inséparable d'une vie consacrée aux Maîtres de compassion.

2° Une entière possession de soi-même.
Avant que les facultés, plus développées, de la
vie astrale puissent nous être confiées sans danger, il faut que nous nous maîtrisions parfaitement.
Notre caractère, par exemple, doit être complètement dominé, afin que rien de ce que nous pouvons voir ou entendre ne soit capable d'éveiller en
nous une réelle irritation, dont les conséquences
seraient beaucoup plus graves sur le plan astral que
sur celui-ci. La force de la pensée a toujours une
action énorme, mais ici-bas elle se trouve entravée,
ralentie par les grossières cellules cérébrales qu'elle
doit mettre en mouvement. Dans le monde astral
elle est bien plus libre et plus puissante, si bien que
la colère ressentie sur ce plan par un homme aux
facultés entièrement éveillées, envers une autre personne, entraînerait pour celle-ci des conséquences
dangereuses, peut-être même fatales.

Il faut non seulement savoir dominer, mais
encore posséder le sang-froid, afin qu'aucun des
spectacles fantastiques ou terribles qui pourront
s'offrir à nos yeux ne soit capable d'ébranler notre indomptable courage. N'oublions pas qu'en
réveillant un homme sur le plan astral, l'élève devient, dans une certaine mesure, responsable de ses
actes et de sa sécurité. Si donc le néophyte n'avait

pas le courage de rester seul, l'aide plus avancé devrait perdre son temps à lui servir de gardien et
de protecteur, ce qu'il ne serait évidemment pas
raisonnable de lui demander.

Pour s'assurer du sang-froid des candidats et
les préparer à la tâche qui les attend, ils ont toujours à subir, comme dans le passé, ce qu'on appelle
les épreuves de la terre, de l'eau, de l'air et du feu.

En d'autres termes, ils doivent apprendre, avec
cette certitude absolue qui ne repose pas sur la
théorie mais bien sur la pratique et l'expérience,
que dans le corps astral aucun de ces éléments ne
peut leur faire le moindre mal, qu'aucun ne peut
présenter le moindre obstacle pour eux dans l'accomplissement de leur travail.

Dans notre corps physique nous sommes pleinement convaincus que le feu brûle, que l'eau as-
phyxie, que le roc solide présente un obstacle in-
franchissable, que nous ne pouvons avec confiance
nous lancer sans soutien dans le vide. Cette conviction, nous en sommes si profondément pénétrés,
qu'il faut en général un effort assez considérable
pour surmonter les mouvements instinctifs qui en
résultent et pour se rendre compte que dans le corps
astral le rocher le plus dense n'est pas un obstacle
pour la locomotion ; qu'il est possible de se jeter

impunément du haut de la falaise la plus escarpée
et de plonger, avec la confiance la plus entière, dans
le cratère du volcan en pleine éruption ou dans les
abîmes les plus profonds de l'insondable océan.

Or, à moins de *savoir* qu'il en est ainsi, de le
savoir suffisamment pour pouvoir agir instinctivement et avec confiance, l'homme est relativement
impropre au travail astral ; car dans des circonstances qui se présentent sans cesse, il serait constamment paralysé par des dangers imaginaires. Il doit
donc subir ses épreuves et faire bien d'autres expériences étranges, rencontrer, face à face, avec calme
et courage, les apparitions les plus terrifiantes dans
les milieux les plus répugnants, prouver enfin que
son sang-froid est digne de toute confiance, quelles
que soient les situations où il peut d'un moment à
l'autre se trouver.

La soumission de notre mental et de nos désirs nous est également nécessaire : du mental,
parce que, sans la faculté de la concentration, il serait impossible de faire un travail efficace dans le
tourbillon de tous les courants astrals ; des désirs,
parce que, dans ce monde étrange, désirer est souvent posséder et qu'à moins d'avoir bien maîtrisé
ce côté de notre nature nous pourrions nous trou-

ver face à face avec certaines de nos créations dont
nous serions profondément honteux.

3° *Le calme.*

L'absence de toute agitation et de tout découragement est encore un point fort important. Le
travail consiste souvent à calmer les personnes
troublées et à réconforter celles qui pleurent; or,
comment en serait capable un aide dont la propre aura vibre constamment sous l'influence de
l'agitation et des soucis, ou présente la teinte mor-
tellement livide, indice d'une dépression morale
continuelle. Rien n'est plus fatalement pernicieux,
pour nos progrès ou pour notre tâche occultes, que
l'habitude, spéciale au XIXe siècle, de nous faire
sans cesse des soucis à propos de rien — d'éter-
nellement transformer les taupinières en monta-
gnes. Beaucoup d'entre nous passent littéralement
leur vie à s'exagérer les riens les plus absurdes et à
consacrer gravement tous leurs efforts à se rendre
malheureux sans motifs.

Étant théosophes, nous devrions avoir dépassé
cette période d'agitation déraisonnable et d'abatte-
ment sans cause. Nous efforçant d'acquérir des notions précises sur l'ordre cosmique, nous devrions
être arrivés à comprendre que l'optimisme est, par-

tout et toujours, l'attitude la plus en rapport avec les vues divines et par suite avec la vérité. Dans une personne quelconque, ce qu'elle présente de bon peut seul être permanent ; le mal, par sa nature même, doit être temporaire. De fait, comme l'a dit Browning : « Le mal n'a ni existence, ni réalité – c'est le silence rendant le son possible » ; – tandis que, plus haut et plus loin, « l'âme des choses est douce, le coeur de l'existence est un céleste repos ». Aussi Ceux qui savent conservent-ils un calme que rien ne trouble et joignent-Ils à Leur compassion parfaite la sérénité joyeuse donnée par la certitude que tout finira bien. L'homme qui aspire au service doit apprendre à suivre Leur exemple.

4° Le savoir.

Pour être utile, l'homme doit au moins avoir quelques notions sur le plan où il devra travailler, et son utilité sera en raison directe de son degré d'instruction sur tous les points possibles. Il doit se rendre apte à cette tâche en étudiant avec soin tout ce qui a été écrit sur le sujet dans la littérature théosophique, car il ne saurait demander à ceux dont le temps est déjà si occupé d'en gaspiller une partie à lui expliquer ce qu'il aurait pu apprendre ici-bas, en prenant la peine de consulter les livres.

Il est inutile, avant d'avoir apporté à l'étude tout le sérieux compatible avec les facultés et les facilités dont on dispose, de songer à se mettre sur les rangs comme travailleurs dans l'astral.

5° L'amour.

C'est la dernière et la principale des conditions demandées; c'est aussi la moins comprise. Je l'affirme avec énergie: cet amour n'est pas le sentimentalisme à bon marché, débile et sans ressort qui s'épanche sans cesse en vagues platitudes et faciles généralités, mais n'a pas le courage de ses opinions, dans la crainte d'être accusé par les ignorants de ne pas être « fraternel ». Ce qui est nécessaire, c'est l'amour assez fort pour se passer de réclame et travailler en silence, c'est le désir passionné de servir, toujours à l'affût d'une occasion mais préférant garder l'anonymat, c'est le sentiment qui s'éveille dans le coeur de l'homme le jour où, ayant compris le rôle immense du Logos, il sait du même coup qu'il ne peut, dans les trois mondes, exister pour lui-même, d'autre solution que de s'identifier avec ce rôle jusqu'à la dernière limite de ses forces; que de devenir, même dans la plus humble mesure et à une distance immense, un canal intime de ce merveilleux amour divin qui surpasse, comme la paix divine, toute intelligence.

Telles sont les qualités que l'aide doit sans relâche s'efforcer d'acquérir et qu'il doit avoir développées en grande partie, du moins avant de pouvoir espérer que les Grands Etres invisibles qui surveillent l'évolution le jugeront digne d'être complètement éveillé. C'est un idéal très haut – je le reconnais – mais il n'y a pas de raisons pour y renoncer et perdre son courage, ni pour supposer que, la poursuite de cet idéal étant encore ardue, il faille nécessairement rester tout à fait inutile sur le plan astral. Sans aller jusqu'aux responsabilités et aux périls du réveil complet, il est possible de se rendre très utile sans danger.

Presque tous, nous sommes à même de faire un acte, au moins, de compassion et de bonne volonté, chaque nuit après avoir quitté nos corps. Pendant le sommeil – ne l'oublions pas – nous sommes généralement absorbés dans nos réflexions, nous poursuivons les pensées qui, nous ont le plus occupés dans la journée, particulièrement celle qui a surgi la dernière dans notre esprit au moment de nous endormir. Or si nous parvenons à ce que cette dernière pensée soit une ferme intention d'aller secourir une personne que nous savons en

avoir besoin, l'âme délivrée des entraves corporel-
les saura, sans aucun doute, mettre ce désir à exécution. L'aide sera donnée. On cite plusieurs cas
où, la tentative ayant été faite, la personne qui en
était l'objet a eu pleinement conscience de l'effort
de l'ami bien intentionné et a même vu son corps
astral mettant à exécution les ordres qui l'avaient
impressionné.

Non – que personne ne se dise, avec tristesse :
« Ce glorieux travail n'est pas pour moi ! » – Une
idée semblable serait absolument fausse, car pour
chacun penser c'est pouvoir aider. Cette action efficace peut même ne pas s'exercer exclusivement
pendant les heures de sommeil. Si vous connaissez
(qui n'en connaît !) une personne plongée dans la
tristesse ou dans la souffrance, il est possible que
vous ne puissiez vous tenir consciemment à son
chevet dans votre corps astral, mais vous pourrez
néanmoins lui adresser des pensées affectueuses et
des voeux sincères. Soyez assuré que ces pensées et
ces voeux sont réels, vivants et forts ; quand vous
les envoyez ainsi au loin, ils accomplissent certainement leur mission et exécutent vos volontés, en
raison directe de la force que vous avez mise en
jeu. Les pensées sont des choses, des choses réel-
les dans la force du terme, très visibles pour ceux

dont les yeux ont été ouverts et, par le moyen des pensées, l'homme le plus pauvre peut prendre part, tout aussi bien que le riche à l'oeuvre bienfaisante qui se fait dans le monde. Dans cette mesure du moins, que nous soyons ou non conscients sur le plan astral, nous pouvons et devons nous joindre à l'armée des aides invisibles.

Mais si le candidat est décidé à entrer dans la troupe des aides astrals qui travaillent sous la direction des grands Maîtres de la Sagesse, sa préparation ne sera pour lui qu'une des étapes d'un développement infiniment plus vaste. Il ne se bornera pas à acquérir les aptitudes nécessaires à cette branche spéciale de Leur service ; mais, visant haut et loin, il entreprendra une tâche bien plus grande : celle de s'entraîner à suivre Leurs pas, de poursuivre avec toutes les énergies de son âme le but qu'Ils ont Eux-mêmes atteint, afin que les moyens dont il disposera pour aider le monde ne soient pas limités au plan astral mais puissent s'étendre aux niveaux plus élevés qui sont la vraie patrie de notre individualité divine.

Le sentier à prendre lui a été montré il y a bien longtemps, par les sages qui l'ont suivi jadis ; c'est celui du développement personnel que tous doivent suivre, tôt ou tard, qu'ils s'y décident volontairement aujourd'hui ou qu'ils attendent l'heure où après des existences nombreuses et des souffrances infinies, la lente et irrésistible force de l'évolution les poussera en avant, parmi les retardataires de la famille humaine. Quant au sage, il s'engage dans le sentier immédiatement et avec ardeur, le visage résolument tourné vers le but, qui est de devenir adepte, afin que, délivré pour toujours et complètement du doute, de la crainte et de la douleur elle-même, il puisse mener d'autres hommes à la sécurité et au bonheur. Nous verrons dans le prochain chapitre ce que sont les étapes du Sentier de la Sainteté, comme l'appellent les Bouddhistes, et l'ordre dans lequel elles se succèdent.

CHAPITRE XV

LE SENTIER DU NOVICIAT

Les livres orientaux nous disent qu'il y a, pour l'homme, quatre moyens de trouver l'entrée du sentier de l'avancement spirituel : 1° la fréquentation des personnes qui y marchent déjà ; 2° l'enseignement oral ou écrit de la philosophie occulte ; 3° la réflexion éclairée – (en d'autres termes l'homme peut arriver, par la force de l'intellect et du raisonnement, à la vérité ou, du moins, à une partie de la vérité) ; 4° la pratique de la vertu – (c'est-à-dire qu'une longue série d'existences vertueuses, sans impliquer forcément un développement intellectuel, finissent pourtant par éveiller dans l'homme une intuition suffisante pour lui faire comprendre la nécessité de s'engager dans le sentier et lui en montrer l'entrée).

L'homme est-il, d'une façon ou d'une autre, arrivé à ce point, le chemin de l'adeptat suprême s'étend sous ses yeux ; à lui de s'y engager. En écrivant pour des étudiants de l'occultisme, il est à peine nécessaire de dire qu'à notre degré actuel de développement nous ne pouvons nous attendre à acquérir des connaissances complètes, ou presque complètes, concernant d'autres étapes que les plus élémentaires. Des plus avancées, nous ne savons guère que les noms, bien qu'une échappée puisse, de temps à autre, nous être ouverte sur la gloire indescriptible qui les accompagne.

Ces étapes, nous dit l'enseignement ésotérique, forment trois grandes divisions :

1° La période de noviciat, pendant laquelle aucun engagement spécial n'est pris et aucune initiation proprement dite n'est accordée. Ce stade amène l'homme à passer avec succès ce que les livres théosophiques appellent généralement la période critique de la cinquième ronde ;

2° La période où le disciple devient profès. C'est le sentier proprement dit, dont les quatre stades sont désignés, dans les livres orientaux, sous le nom des quatre sentiers de la sainteté. A la fin de cette période le disciple devient adepte ; c'est le degré que l'humanité est appelée à atteindre à la fin de la septième ronde ;

3° Ce que j'oserais appeler la période officielle, où l'adepte prend une part déterminée, subordonnée à la grande Loi Cosmique, dans le gouvernement du monde et remplit des fonctions particulières qui s'y rattachent. Bien entendu, tout adepte et même tout élève, quand il est définitivement accepté, comme nous l'avons vu dans les chapitres précédents, contribue à la grande oeuvre, tendant à stimuler l'évolution humaine ; mais les plus avancés sont chargés de départements spéciaux et correspondent, dans l'ordre cosmique, aux ministres d'un souverain dans un Etat terrestre bien constitué.

Je ne me propose pas d'aborder ici cette période officielle ; aucune information la concernant n'a encore été divulguée, et la question dans son ensemble est trop au-dessus de notre compréhension pour qu'il y ait utilité à la traiter par écrit. Nous nous limiterons donc aux deux premières divisions.

Avant d'aborder en détail la période du noviciat, il est bon de constater que, dans la plupart des livres sacrés de l'Orient, ce stade est simplement regardé comme préliminaire et faisant à peine partie du sentier proprement dit, car le disciple n'est

considéré comme réellement admis à suivre ce
dernier qu'après avoir pris des engagements déter-
minés. Autre cause de grande confusion : l'énumération des périodes commence parfois à ce point,
mais plus souvent au début de la deuxième grande
division ; quelquefois les périodes elles-mêmes
sont comptées, quelquefois les initiations qui les
précèdent ou qui leur succèdent ; de sorte qu'en
étudiant les livres il faut constamment être sur ses
gardes pour éviter les erreurs d'interprétation.

Cette période de noviciat diffère du reste considérablement des autres ; les divisions entre les stades y sont moins nettement marquées que dans le
cas des groupes supérieurs, et les exigences y sont
moins précises et moins sévères. Mais il sera plus
facile d'expliquer ce dernier point après avoir énu-
méré les cinq stades de cette période avec les conditions requises pour chacun. Les quatre premiers
ont été remarquablement décrits par M. Mohini
Mohun Chatterji dans la première « Transaction
de la Loge de Londres » : nous y renvoyons le lecteur : il y trouvera des définitions plus complètes
que celles qu'il est possible de donner ici. Des
renseignements nombreux et extrêmement pré-
cieux ont aussi été donnés, sur ce point, par Mme
Besant, dans ses ouvrages le *Sentier du Disciple et*

Dans l'Enceinte extérieure[4]. Les noms donnés aux stades pourront ne pas être identiques car, dans ces livres, l'auteur a employé les termes hindous sanscrits, tandis que la nomenclature Pâli employée ici est celle du système bouddhiste – mais, si en quelque sorte le sujet se trouve abordé d'un côté différent, on verra que les conditions requises sont identiques au fond, lors même qu'elles diffèrent par leur forme extérieure. Pour chaque mot je donnerai d'abord, entre parenthèses, le simple sens littéral, puis la manière dont il est généralement expliqué par le Maître.

Le première période est donc appelée parmi les Bouddhistes:

I. MANODVARAVAJJANA (l'ouverture des portes de l'intelligence ou, peut-être, la fuite par les portes de l'intelligence). – Le candidat y acquiert une ferme conviction intellectuelle de l'impermanence et de la non-valeur de tous les intérêts terrestres. C'est ce qu'on appelle souvent: apprendre la différence entre le réel et l'irréel. Souvent, pour y arriver, il faut beaucoup de temps et bien des leçons pénibles, et pourtant il va sans dire qu'on

---

4   Librairie de l'Art indépendant, 10, rue Saint-Lazare. (N.d.T.)

ne saurait faire autrement le premier pas vers un
progrès réel, car personne ne s'engage résolument
dans le sentier sans avoir pris son parti de « s'af-
fectionner aux choses qui sont en haut et non à
celles qui sont sur la terre »[5], et cette décision a
pour cause la conviction que rien, dans ce monde,
n'a la moindre valeur auprès de la vie supérieure.
Ce premier pas est appelé par les Hindous l'acquisition de la VIVEKA ou du discernement. Suivant
l'expression de M. Sinnett, il consiste à s'inféoder
au Soi supérieur.

II. PARIKAMMA (la préparation à l'action). –
Dans cette période le candidat apprend à pratiquer
la vertu pour elle-même, sans tenir compte de ce
qu'elle peut lui rapporter ou lui faire perdre ici-
bas ou dans l'avenir ; pour employer l'expression
des livres orientaux, goûter le fruit de ses propres
actions le laisse complètement indifférent. Cette
indifférence est la conséquence naturelle du pas
précédent car après avoir eu les yeux ouverts au
caractère irréel et fugitif de toutes les récompen-
ses terrestres, le néophyte cesse d'en avoir besoin ;
l'âme une fois éclairée par la rayonnante clarté de
la réalité, ne peut plus donner à ses désirs un ob-

----

5   Ep. aux Colossiens, III, 2.

jectif moins élevé. Les Hindous nomment ce déta-
chement suprême VAIRAGYA.

III. UPACHARO (l'attention ou la conduite).
– C'est le stade où doivent s'acquérir ce qu'on appelle les « six qualifications » – SHATSAMPATTI
des Hindous. On les nomme en Pali :

1° *Samo* (le calme) – la pureté et le calme de la
pensée, que donne un mental parfaitement obéis-
sant. C'est un résultat extrêmement difficile à obtenir, mais très nécessaire ; car, à moins de n'obéir
qu'à la seule direction de la volonté, le mental ne
saurait devenir, pour le Maître, un instrument parfait. Cette qualité a une signification très étendue,
elle comprend à la fois l'empire sur soi-même et le
calme indiqués au chapitre XIV comme nécessaires pour travailler sur l'astral.

2° *Damo* (l'assujettissement) – un empire analogue sur la conduite et sur les paroles, par suite
leur pureté. Cette qualité, elle aussi, est une conséquence naturelle de la précédente.

3° *Uparati* (la cessation) consiste, est-il dit, à renoncer à la bigoterie ou à ne plus croire nécessaire
aucun acte ou cérémonie prescrits par une religion
particulière ; l'aspirant atteint par là l'indépendance
intellectuelle et une tolérance large et généreuse.

4° *Titikkhâ* (la patience ou la tolérance). – Il faut entendre par ce mot la disposition de l'homme prêt à supporter avec sérénité tout ce que son karma peut lui faire subir et à renoncer, toutes les fois qu'il le faudra, aux objets terrestres, quels qu'ils soient. Le mot implique aussi l'idée d'une absence complète de rancune, l'homme sachant que ceux qui lui font tort sont simplement les instruments de son propre karma.

5° *Samâdhâna* (la force d'attention). – C'est la concentration mentale, impliquant l'impossibilité d'être détourné du sentier par la tentation et correspondant très exactement à la fixité d'objectif dont il a été parlé dans le chapitre précédent.

6° *Saddhâ* (la foi) – la confiance en notre Maître et en nous-même; autrement dit, le disciple doit être convaincu qu'en suivant les enseignements du Maître il est en bonnes mains et que, s'il se défie de ses propres moyens, il porte cependant en lui-même l'étincelle divine qui, transformée en flamme, lui permettra un jour de faire ce qu'a fait son Maître.

IV. ANULOMA (l'ordre direct ou la succession) – signifiant que cette qualité est le corollaire des trois autres. Dans cette période s'éveille le désir passionné d'être libéré de l'existence terrestre et de s'unir à la vie suprême. C'est la *Mumukshatva* des Hindous.

V. GOTRABHU (l'aptitude à l'initiation).

– Dans ce stage, le candidat réunit en faisceau, pour ainsi dire, ses acquisitions précédentes et les confirme au degré voulu pour le grand pas suivant, par lequel il mettra son pied sur le sentier proprement dit en qualité d'élève agréé. Ce niveau atteint, l'initiation au degré suivant lui succédera très rapidement. A la question : « Qui est le gotrabhu ? » – Bouddha répond : « L'homme qui remplit les conditions auxquelles succède immédiatement le commencement de la sanctification – voilà le Gotrabhu. »

La sagesse qu'il faut posséder pour se voir ouvrir le sentier de la sainteté est nommée *Gotrabhugnana.*

Nous avons donné un coup d'oeil rapide aux différents pas de la période du noviciat. Je dois maintenant insister sur le point mentionné en commençant : c'est que, dans ce stade élémentaire, les conditions et les qualités énumérées ne sont pas exigées dans leur *perfection.* Si elles étaient toutes également développées, dit M. Mohini, l'élève deviendrait adepte dans la même incarnation ; mais c'est là, naturellement, un cas très rare. Le candidat doit sans cesse les avoir pour objectif, mais ce serait une erreur de croire que personne n'a été admis au pas suivant, sans les posséder toutes de la façon la plus complète. Elles ne se suivent point non plus dans un ordre invariable, comme les pas qui leur succèdent. En réalité, un homme développerait en lui simultanément toutes les différentes qualités et plutôt parallèlement que dans un ordre régulier.

On comprendra qu'un homme puisse fort bien avoir suivi ce sentier jusqu'au bout sans même se douter de son existence. Nul doute que beaucoup de bons chrétiens, beaucoup de libres penseurs sincères ne soient déjà très avancés sur le chemin qui les amènera éventuellement à l'initiation, sans avoir de leur vie entendu prononcer le mot d'occultisme. Je mentionne spécialement ces deux catégories d'hommes car, le développement occulte étant regardé dans toutes les autres religions comme une possibilité, il serait certainement recherché intentionnellement par les personnes aspirant à quelque chose de plus satisfaisant que les cultes exotériques.

Il faut aussi noter que les étapes du noviciat ne sont pas séparées par des initiations dans le sens propre du terme ; elles n'en seront pas moins, et sûrement, remplies d'épreuves et d'essais de toutes

sortes et sur tous les plans, que compenseront peut-
être des expériences encourageantes, des conseils
indirects et de l'aide, quand ils pourront être donnés sans inconvénients. Nous sommes quelquefois portés à employer le nom d'initiation un peu
trop facilement: par exemple en parlant d'épreuves comme celles que je viens de mentionner. Pour
donner au mot sa valeur exacte, il ne s'applique
qu'à la cérémonie solennelle entourant l'admission
officielle d'un disciple au grade supérieur, par une
personne spéciale mettant, au nom de l'Initiateur
Uni que, entre les mains du récipiendaire la clef de
connaissances nouvelles, clef dont il doit se servir
sur le niveau qui lui est maintenant ouvert. Une
initiation semblable marque le passage à la division
dont nous allons parler maintenant, et de même, le
passage de chacune des étapes qui la constituent à
l'étape suivante.

CHAPITRE XVI

LE SENTIER PROPREMENT DIT

C'est au cours des quatre périodes marquant cette division du sentier qu'il faut rejeter les dix *Samyojana*, ou entraves, qui lient l'homme au cercle des renaissances et l'empêchent d'atteindre le *Nirvâna*. C'est ici qu'apparaît la différence entre cette période, où le disciple se lie par des engagements, et la précédente. Il ne s'agit plus maintenant de s'affranchir plus ou moins des entraves. Avant de pouvoir passer d'un stade à l'autre, le candidat doit être *absolument* délivré de certains de ces liens. Or leur énumération donnera une idée de la sévérité de cette exigence, et l'on ne s'étonnera pas de lire dans les livres sacrés que sept incarnations sont parfois nécessaires pour franchir cette division du sentier.

Chacun de ces quatre pas, ou stades, est à son tour divisé en quatre parties. Chacun présente en effet : 1° le *Maggo*, ou chemin, dans lequel l'étudiant s'efforce de rejeter ses liens ; 2° le *Phala*, résultat ou fruit, dans lequel le résultat de cet effort lui apparaît de plus en plus nettement ; 3° le *Bhavagga*, ou achèvement, période où, le résultat étant obtenu, l'étudiant devient capable d'accomplir d'une manière satisfaisante la tâche spéciale au niveau où il se maintient fermement aujourd'hui ; 4° le *Gotrabhu* marquant, comme précédemment, l'heure où il devient digne de recevoir l'initiation suivante.

Le premier stade est :

I. SOTAPATTI ou SOHAN.

L'élève qui s'est élevé jusque-là est nommé le *Sowani* ou *Sotâpanna* – « celui qui est entré dans le fleuve » ; car désormais, si ses progrès peuvent être lents, s'il peut succomber à des tentations plus subtiles et se détourner momentanément de sa voie, il ne peut plus abandonner entièrement la spiritualité et devenir un homme frivole. Il est entré dans le courant de l'évolution humaine supérieure, et décisive, dans lequel doivent être entrés tous les hommes vers le milieu de la prochaine ronde, sous peine d'être laissés en arrière, comme temporairement insuffisants, par la. Grande onde vitale, et d'avoir à attendre, pour faire de nouveaux progrès, la prochaine chaîne cosmique.

L'élève en état de recevoir cette initiation a donc dépassé la majorité humaine de toute une ronde autour de nos sept planètes et, par là, s'est mis définitivement à l'abri de la possibilité d'abandonner le courant dans la cinquième ronde. Voilà pourquoi il est quelquefois appelé « le sauvé » ou « celui qui est en sûreté ». Cette idée, dénaturée, a donné lieu à la curieuse théorie du salut, promulguée par une certaine partie de l'Eglise chrétienne. Le « salut éternel », mentionné dans quelques-uns de ses écrits, met l'homme à l'abri, non pas (comme les ignorants l'ont supposé d'une manière blasphématoire) des tortures éternelles, mais simplement de la possibilité de perdre le reste de ce « siècle » ou de cette dispensation, en ne suivant pas la marche du progrès. Tel est aussi, naturellement, le sens de la célèbre clause de la confession de saint Athanase : « Tout homme voulant être sauvé, doit avant tout posséder la foi catholique. » (Voyez Christian Creed, page 91.) Les entraves à rejeter par le disciple, avant de pouvoir passer au stade suivant, sont :

1° *Sakkâyadithi* – l'illusion du soi.

2° *Vichikichchâ* – le doute ou l'incertitude.

3° *Sîlabbataparâmâsa* – la superstition.

La première est la conscience du « moi ». Si on l'identifie avec la *personnalité*, elle n'est qu'une illusion et il faut s'en défaire dès l'entrée dans le véritable sentier ascendant. Mais la suppression complète de cette entrave signifie plus encore ; elle implique la réalisation de ce fait : que l'individualité, elle aussi, ne fait en vérité qu'un avec le Tout ; qu'elle ne saurait par suite avoir des intérêts contraires à ceux de ses frères et que ses propres progrès sont en raison directe de l'aide qu'elle donne aux progrès d'autrui.

Le signe essentiel, le sceau, marquant l'arrivée au niveau du *Sotâpatti*, est la première admission de l'élève au plan venant immédiatement après le plan mental et généralement appelé plan bouddhique. Ce que l'élève pourra éprouver, même avec l'aide de son Maître, ne sera peut-être, ou plutôt certainement, que le plus fugitif effleurement de cet état prodigieusement exalté, mais ce simple effleurement est une chose désormais inoubliable, ouvrant à ses regards un monde nouveau et faisant subir à ses sentiments et à ses idées une transformation totale. Pour la première fois, grâce à l'expansion de conscience propre à ce plan, l'élève com-

prend vraiment l'unité sous-jacente de tous, non
pas simplement par une conception intellectuelle,
mais comme un véritable fait, manifeste à ses yeux
dessillés; pour la première fois il a sur le monde où
il vit des notions exactes; pour la première fois il
est à même d'entrevoir ce que peuvent être l'amour
et la compassion des Grands Maîtres.

Relativement à la deuxième entrave, il est un
point contre lequel le lecteur doit être mis en garde. Elevés dans les habitudes d'esprit européennes,
nous sommes malheureusement si familiarisés
avec l'idée qu'une adhésion aveugle et irraisonnée
à certains dogmes peut être exigée d'un disciple,
qu'en voyant l'occultiste envisager le doute comme un obstacle au progrès nous sommes tentés de
supposer qu'à l'exemple des superstitions moder-
nes il exige de ses sectateurs la même foi soumise.
Aucune idée ne saurait être plus entièrement fausse.

Le doute (ou plutôt l'incertitude) sur certaines
questions empêche assurément les progrès spirituels, mais ce doute a pour antidote, non pas la foi
aveugle (considérée elle aussi, comme une entrave,
nous le verrons plus loin) mais la certitude d'une
conviction basée sur l'expérience individuelle ou le
raisonnement mathématique. Tant qu'un enfant

n'est pas certain de l'exactitude de la table de multiplication, il a peu de chances d'apprendre les mathématiques plus avancées ; ses doutes ne peuvent être dissipés d'une manière satisfaisante que s'il arrive à comprendre, par le raisonnement ou par l'expérience, l'exactitude des affirmations de la table ; s'il croit que deux et deux font quatre, ce n'est pas seulement parce qu'on le lui a dit, mais parce que ce résultat est devenu pour lui un fait évident en soi. Or c'est exactement la méthode, et la seule méthode, pratiquée en occultisme pour vaincre le doute.

Mettre en doute les doctrines du Karma et de la réincarnation et aussi la possibilité d'atteindre le bien suprême par le sentier de la sainteté, voilà, suivant une définition donnée, ce qu'il faut entendre par *Vichikichchhâ*. En rejetant ce Samyojana on arrive à la certitude absolue, – ayant pour base soit la connaissance personnelle et directe, soit la raison – que l'enseignement occulte concernant ces questions est dans le vrai.

La troisième entrave à briser comprend toute croyance irraisonnée ou fausse, toute disposition à faire dépendre des rites et des cérémonies extérieures la purification morale. Pour arriver à rejeter cette entrave, l'homme doit apprendre à ne compter que sur lui-même et non pas sur les autres ni sur la forme extérieure d'aucune religion. Les trois premières entraves constituent une série. La différence entre l'individualité et la personnalité étant pleinement réalisée, il devient possible, dans une certaine mesure, d'examiner le processus de la réincarnation et par suite de ne plus avoir aucun doute à cet égard. Cela fait, l'assurance que le véritable ego est spirituellement permanent donne au disciple la confiance en sa propre force spirituelle et met fin à la superstition.

II. SAKADAGAMI.

L'élève admis à ce deuxième stade est désigné sous le nom de *Sakâdâgain* – « l'homme qui ne reviendra plus qu'une fois » ; en d'autres termes, un homme arrivé à ce niveau ne devrait plus avoir besoin que d'une seule incarnation pour atteindre le grade d'Arhat. En faisant ce deuxième pas, l'élève ne rejette pas d'autres entraves, mais il s'efforce de réduire à leur minimum celles qui l'enchaînent encore. Cette période n'en est pas moins marquée, généralement, par un développement psychique et intellectuel considérable.

Les facultés, ordinairement appelées psychiques n'ont-elles pas encore été acquises, elles doivent s'éveiller pendant cette période, car sans elles il n'y aurait pour l'élève ni assimilation possible des connaissances qui doivent maintenant lui être communiquées, ni aptitude à travailler d'en haut pour l'humanité, tâche à laquelle il a dorénavant le privilège de collaborer. Il doit pouvoir disposer de la conscience astrale pendant l'état de veille physique et, pendant le sommeil, le monde céleste lui sera ouvert, car la conscience d'un homme séparé de son corps physique se trouve toujours au degré immédiatement supérieur à celui où elle fonctionne quand l'homme porte encore le poids de sa prison de chair.

III. ANAGAMI.

L'*Anagâmin* (celui qui ne reviendra plus) est ainsi appelé parce que, ce degré étant atteint, il devrait pouvoir s'élever au suivant dans son incarnation présente. Tout en vaquant à sa tâche journalière, il jouit des nombreuses et magnifiques possibilités de progrès que lui donne l'entière possession des inestimables facultés propres au monde céleste et, la nuit, en quittant son enveloppe physique, il retrouve de nouveau la conscience merveilleusement élargie qui distingue le buddhi. Ce pas accompli, il se dégage définitivement des derniers vestiges qui pourraient encore persister en lui de :

4° *Kâmarâga* – l'attachement aux joie de la sensation ayant pour type l'amour terrestre, et de :

5° *Patigha* – toute possibilité d'éprouver de la colère ou de la haine.

Le novice qui a rejeté ces entraves ne peut plus être entraîné par l'influence de ses sens, ni vers l'amour, ni vers la haine ; les conditions du plan physique ne peuvent plus inspirer ni attachement, ni impatience.

Ici encore nous devons nous mettre en garde contre une erreur possible et que nous rencontrons souvent. L'amour humain, sous sa forme la plus pure et la plus élevée, ne meurt jamais ; l'entraînement occulte ne lui porte jamais aucune atteinte. L'amour grandit et s'élargit jusqu'au point de se répandre sur l'humanité tout entière, avec la ferveur qu'il ne prodiguait d'abord qu'à un ou deux hommes. Du reste, l'étudiant finit par s'élever au-dessus de toutes les considérations basées sur la simple *personnalité* de ceux qui l'entourent ; il est donc, dégagé de toute l'injustice et de toute la partialité qui accompagnent si souvent l'amour ordinaire.

Ne supposons pas non plus un seul instant, qu'en acquérant cette large affection pour tous il perde l'amour particulier pour ses amis plus intimes. L'union exceptionnellement parfaite entre Ananda et le Bouddha, saint Jean et Jésus, est une preuve que cet amour grandit, au contraire, dans des proportions immenses. Le lien entre un Maître et ses élèves est bien plus puissant qu'aucune attache terrestre, car l'affection, telle qu'elle règne sur le sentier de la sainteté, est une affection entre egos et non pas simplement entre personnalités ; aussi est-elle forte et durable sans crainte de diminution ni de changement, car elle est cette « parfaite charité qui bannit la crainte »[6].

IV. ARAHAT (le vénérable, le parfait).

En atteignant ce niveau, l'aspirant jouit en permanence de la conscience du plan bouddhique et peut en employer les forces et les facultés, alors même qu'il occupe son corps physique ; mais quand il quitte ce corps, pendant le sommeil ou l'extase, il passe immédiatement dans la gloire indicible du plan nirvânique. Dans ce stade, l'occultiste doit dépouiller les derniers vestiges des cinq entraves qui subsistent encore, c'est-à-dire :

6° *Rûparâga* – le désir de la beauté objective ou de l'existence physique, sous une forme quelconque, y compris celle du monde céleste.

---

6   Saint Jean, IV, 18.

7° *Arûparâga* – le désir de l'existence séparée de la forme.

8° *Manô* – l'orgueil.

9° *Uddhachcha* – l'agitation ou l'irritabilité.

10° *Avijja* – l'ignorance.

Ici nous pouvons remarquer qu'en rejetant *Rûparâga* l'occultiste dépouille du même coup, non seulement le désir de l'existence terrestre, même la plus grandiose et la plus noble, et de la vie astrale ou dévachanique, même la plus glorieuse, mais encore toute disposition à être influencé ou rebuté en rien par la beauté ou la laideur extérieures d'aucune personne, ni d'aucun objet.

Arûparâga, le désir de vivre, aussi bien sur les niveaux les plus élevés et où la forme est la plus absente, que, plus haut encore, sur le plan bouddhique, serait simplement un genre d'égoïsme plus relevé et moins sensuel ; il faut donc s'en défaire, tout comme des désirs inférieurs.

Le vrai sens d'*Uddhachcha* est « disposition à l'agitation mentale ». L'homme définitivement dégagé de cette entrave conserve un calme inaltérable, quoi qu'il lui arrive : aucune circonstance ne saurait avoir prise sur sa majestueuse sérénité.

Se délivrer de l'ignorance implique naturellement l'acquisition d'un savoir complet, l'omniscience, à vrai dire, en ce qui concerne notre chaîne planétaire.

Quand toutes ces entraves ont bien disparu, l'ego atteint dans son ascension la cinquième période, celle de l'adepte accompli, et devient :

V. ASEKHA, « celui qui n'a plus rien à apprendre » (toujours en ce qui concerne notre chaîne planétaire). Il nous est tout à fait impossible de comprendre, dans notre stade actuel, en quoi peut consister ce nouveau grade. Toutes les splendeurs du plan nirvânique, l'adepte les contemple, même à l'état de veille. Juge-t-il à propos de quitter son corps, il a le pouvoir d'aborder un état encore plus exalté, un plan qui n'est pour nous qu'un mot. Comme l'explique le professeur Rhys Davids : « Il est maintenant sans aucun péché ; il voit toutes les choses de ce monde et les estime à leur véritable valeur ; tout principe mauvais ayant été arraché de, son âme, il n'éprouve pour lui-même que des désirs vertueux ; pour les autres il ne respire qu'une tendre compassion et un amour immense. »

Pour montrer combien peu il a perdu le sentiment de l'amour, voici, suivant la Mettra Sutta, l'état d'esprit d'un adepte arrivé à ce niveau :

« L'amour d'une mère qui, au risque de sa propre vie, protège son fils unique, tel est l'amour à témoigner à tous les êtres. Que la bonne volonté surabonde et règne dans le monde entier, en haut, en bas, tout autour, sans restrictions, sans mélange d'aucun intérêt dissemblable ou contraire. Quand un homme demeure immuablement dans cet état d'esprit, qu'il soit debout ou en marche, assis ou couché, alors est accomplie la parole de l'Ecriture : « En cette vie même a été trouvée la sainteté. »

CHAPITRE XVII

Au Dela

Au delà de cette période, nous ne pouvons évidemment rien connaître des conditions gouvernant l'accès aux niveaux, plus élevés, que l'homme arrivé à la perfection a encore devant lui. Nous ne saurions douter pourtant qu'en devenant *Asekha* l'homme n'ait épuisé toutes les possibilités de développement moral et que de nouveaux progrès ne puissent signifier pour lui que des connaissances toujours plus vastes et des facultés spirituelles toujours plus merveilleuses. L'homme, nous est-il dit, en atteignant ainsi sa majorité spirituelle, soit par la voie lente de l'évolution, soit par le sentier plus direct du développement individuel, devient maître absolu de ses propres destinées et choisit le mode de son évolution future parmi sept voies qui s'ouvrent devant lui.

Dans notre stage présent, naturellement, nous ne pouvons espérer nous en faire une idée très nette ; les vagues indications qui seules peuvent nous être données sur certaines d'entre elles n'éveillent en nous aucune notion bien précise, sinon que la plupart éloignent complètement l'adepte de notre chaîne terrestre qui ne suffit plus à l'ampleur de son évolution.

L'une de ces voies est celle que les adeptes qui, suivant l'expression technique, « acceptent le Nirvâna ». Pendant quelles périodes incalculables demeurent-ils dans cet état sublime ? A quelle tâche se préparent-ils ? Que sera leur futur mode évolutif ? – Nous n'en savons rien. A vrai dire et en admettant que des éclaircissements puissent être donnés sur des questions semblables, il est plus que probable qu'ils resteraient pour nous, dans notre stade actuel, tout à fait incompréhensibles.

Mais nous pouvons du moins comprendre ceci : la béatitude Nirvânique n'est pas, comme certains l'ont supposé dans leur ignorance, un morne anéantissement ; bien au contraire, elle implique une activité infiniment plus intense et plus efficace. A mesure qu'il s'élève sur l'échelle de la nature, l'homme découvre des horizons plus vastes, et son travail pour autrui devient toujours plus grandiose et plus étendu ; pour lui, la sagesse et la puissance infinies ne signifient qu'une capacité infinie de servir, puisqu'elles obéissent à un amour sans limites.

D'autres choisissent une évolution spirituelle un peu moins éloignée de l'humanité ; car cette évolution, sans être liée directement à la chaîne suivante de notre système, se poursuit pendant deux longues périodes correspondant à ses première et deuxième rondes ; après quoi ils semblent, eux aussi, « accepter le Nirvâna », mais à un niveau plus élevé que les adeptes mentionnés tout d'abord.

D'autres encore se joignent à l'évolution déva qui a pour théâtre une chaîne grandiose formée de sept chaînes comme la nôtre et dont chacune est pour eux comme un monde unique. Cette ligne évolutive est, paraît-il, la plus graduelle et par suite la moins ardue des sept, mais si on l'appelle parfois la voie de « ceux qui cèdent à la tentation de devenir des dieux », la comparaison avec le renoncement sublime du Nirmânakâya permet seule d'employer cette expression dédaigneuse. L'adepte qui préfère cette ligne a vraiment devant lui une glorieuse carrière et, si le sentier qu'il choisit n'est pas le plus court, l'oeuvre à accomplir est d'une grande beauté.

Les Nirmânakâyas forment une autre catégorie ; ils refusent toutes ces méthodes plus faciles et choisissent le sentier, plus court mais plus escarpé, menant aux sommets qui se dressent encore devant eux ; ils constituent ce qu'on appelle poétiquement, « le rempart protecteur » et, comme nous le dit *La Voix du Silence*[7], « préservent le monde de douleurs et (le chagrins infiniment plus grands », non pas en le protégeant contre les influences mauvaises venant du dehors, mais en y déversant à flots la force et les secours spirituels, sans lesquels le monde serait assurément dans une situation bien plus critique qu'elle ne l'est.

D'autres enfin restent plus directement encore en relation avec l'humanité, continuent à s'y réincarner et choisissent la voie traversant les quatre stades, que nous avons appelés plus haut la période officielle. Dans leurs rangs sont les Maîtres de la Sagesse, qui nous ont enseigné, à nous étudiants de la Théosophie, le peu que nous savons sur la puissante harmonie de l'évolution naturelle. Il semble qu'un nombre d'adeptes relativement restreint prenne ce parti ; sans doute le nombre strictement

---

7   Librairie de l'Art indépendant, 102, rue Saint-Lazare. (N.d.T.)

nécessaire pour assurer ce côté physique de leur tâche.

En entendant parler de ces différentes possibilités, certaines personnes s'écrient parfois trop vite : « Il est clair que les Maîtres ne peuvent songer à prendre d'autre parti que le plus utile à l'humanité. » Des connaissances plus étendues empêcheraient des réflexions semblables. Ne l'oublions jamais : il y a dans le système solaire d'autres évolutions que la nôtre, et il est sans doute nécessaire à la réalisation de l'immense plan du Logos qu'il y ait des adeptes travaillant suivant chacune des sept lignes dont nous avons parlé. Le choix d'un Maître est sûrement d'aller là où ses efforts seront les plus nécessaires, et de mettre ses services, avec une abnégation absolue, à la disposition des Puissances qui dirigent ce département de l'énorme ensemble évolutif.

Tel est donc le sentier qui s'étend devant nous, le sentier que chacun devrait commencer à suivre. Ces sommets sont vertigineux, mais l'ascension se fait graduellement, lentement, et ceux qui se tiennent aujourd'hui près de la cime ont jadis traîné leurs pas, comme nous le faisons aujourd'hui, dans la fange des vallées. Si, en commençant, le sentier peut paraître dur et pénible, nos pas, à mesure que nous montons, deviennent plus assurés et notre horizon plus étendu, et nous nous trouvons plus à même d'aider nos frères qui escaladent la montagne à nos côtés.

Ce caractère difficile et ardu qu'il présente pour le soi inférieur lui a quelquefois valu le nom de « sentier de la douleur » – mais, suivant la belle expression de Mme Besant : « Au milieu de toutes ces souffrances règne une joie profonde et permanente, car la souffrance est le partage de la nature inférieure et la joie celui de la nature supérieure. Avec le dernier vestige de la personnalité disparaît tout ce qui est susceptible de souffrance et, chez l'adepte accompli, règnent une paix inaltérable et une félicité éternelle. Il voit le but où tend l'effort général et s'en réjouit, car il sait que les chagrins de ce monde ne sont qu'une phase passagère de l'évolution humaine.

« Il est un point dont on a peu parlé, c'est le bonheur extrême éprouvé en suivant le sentier, en comprenant la nature du but et le chemin qui y mène, en sachant que le pouvoir d'être utile grandit et que la nature inférieure se déracine graduellement. On a dit peu de chose des rayons d'allégresse qui, partant des sommets plus élevés, viennent tomber sur le sentier, des moments où nous apparaît, vision éblouissante, la gloire qui nous attend, de la sérénité que les orages de ce monde ne sauraient troubler. Pour l'homme qui s'est engagé dans le sentier, tous les autres chemins ont perdu leur charme et ses chagrins font goûter une félicité plus vive que les meilleures joies du monde inférieur.» – (*Vahan*, vol. V, n° 12.)

Ainsi, que personne ne se désespère, jugeant la tâche au-dessus de ses forces. Ce qu'un homme a fait, un autre peut l'accomplir et, dans la mesure exacte où nous aiderons les hommes à notre portée, pourront nous aider nous-mêmes ceux qui déjà sont au but. Du plus humble au plus exalté, nous qui suivons le sentier, nous sommes liés l'un à l'autre par une longue chaîne de services mutuels. Que nul ne se croie abandonné ou seul. Les marches inférieures du vaste escalier peuvent être voilées de brouillard, mais nous savons qu'il conduit à des régions plus heureuses où l'air est plus pur et où la lumière brille toujours.

TABLE DES MATIÈRES

Charles Webster Leadbeater
(16 février 1854 - 1er mars 1934)

Charles Webster Leadbeater était un membre influent de la Société Théosophique, auteur de sujets occultes et co-initiateur de l'Église Catholique Libérale. À l'origine un prêtre de l'Église d'Angleterre, son intérêt pour le spiritualisme l'a amené à mettre fin à son affiliation à l'Anglicanisme en faveur de la Société Théosophique où il s'associa à Annie Besant. Leadbeater a écrit plus de 69 livres et brochures. Ses efforts en faveur de la société lui ont assuré son statut d'un de ses principaux membres jusqu'à sa mort en 1934.

www.ingramcontent.com/pod-product-compliance
Lightning Source LLC
LaVergne TN
LVHW051122080426
835510LV00018B/2179